完美投资手册

G.R.I.D.S.五大财富管理原则

[法] 毕世杰（Gerard J.F. Bichon）◎著

贾冬妮 ◎译

中信出版集团 · CHINACITICPRESS · 北京

图书在版编目（CIP）数据

完美投资手册 /（法）毕世杰著；贾冬妮译．—北京：中信出版社，2015.10（2016.12 重印）
ISBN 978-7-5086-5428-7

I. ①完… II. ①毕… ②贾… III. ①投资－手册 IV. ①F830.59-62

中国版本图书馆CIP数据核字（2015）第 196140 号

完美投资手册

著　　者：[法] 毕世杰
译　　者：贾冬妮
策划推广：中信出版社（China CITIC Press）
出版发行：中信出版集团股份有限公司
（北京市朝阳区惠新东街甲 4 号富盛大厦 2 座　邮编　100029）
（CITIC Publishing Group）
承 印 者：北京通州皇家印刷厂
开　　本：880mm×1230mm　1/32　　印　　张：4.75　　字　　数：73 千字
版　　次：2015 年 10 月第 1 版　　印　　次：2016 年 12 月第 3 次印刷
广告经营许可证：京朝工商广字第 8087 号
书　　号：ISBN 978-7-5086-5428-7/F · 3458
定　　价：39.00 元

G.R.I.D.S.

目　录

*

当你读到本书时，亚洲很可能已经取代美国，成为全球最大的私人财富来源地。过去30年，亚洲地区产生了众多亿万富翁，其数量比西欧和美国在垄断世界经济两个世纪后所标榜的还要多。

资深银行经理人毕世杰从业20年来，指导亚洲超高净值个人客户进行投资，其间经历了各种市场灾难，比如1998年的亚洲金融危机，2000年的互联网泡沫，以及2008年全球银行业的崩塌——这场金融灾难对投资者与顾问之间的信任造成了前所未有的破坏。

基于这些经历，毕世杰创建了财富管理的哲学模型，让你把握机遇，在投资时能够承受更大的风险，同时保护你的家庭不致被未来不可预测的事件所影响。我们称之为G.R.I.D.S.模型。

且让我们读之、循之，践行之。

*

G.R.I.D.S.

前　言

“不知周之梦为蝴蝶与，蝴蝶之梦为周与？”

——庄周，中国先哲
（前 369—前 286）

本书的灵感源于中国先哲庄周（即庄子）对人类知识极限的思考。庄子在近 2 500 年前首次提出的真知灼见对于我们理解当今世界依然极为重要。

我们绝大多数行为都是基于从日常经验中总结出的必然性。在大多数情况下，这样做并无不可。我们称其为“常态”。但是，在遇到重大事故、致命疾病、失去至亲等突发危机时，我们却难以应对。这些属于非常态，会让我们手足无措。我们需要学习在面临极大压力和情绪波动的情况下如何应对危机。

市场的运作与之类似。和家庭危机一样，金融危机也难以预测，其成因和影响千差万别。市场暴跌时，投资者掌握的信息根本不足以让他们从容以对，他们缺乏经验，也无法预估事态的走向。

金融市场的构成要素究竟是什么？我们对它的运行有多了解？它就是一场赌博吗？谁该对最近的市场暴跌负责？衍生品等复杂的金融产品是万恶之源吗？领导者有没有刻意隐瞒他们面对的挑战？媒体是否尽到了职责？在这个信息超载的世界，是否有人能够揭示市场和全球事件的真相？

问题远不只这些。答案也不是非黑即白。

荒谬的是，在这个信息瞬间传播的时代，大多数人却比以往任何时候都依赖那些必然性，那些“常态”，以及一些简单的结论。

知识往往是衡量谦逊的天平，越是知识渊博的人也越谦虚。越是明白者未知越多，这就要求我们不断学习，保持开放的心态并加倍努力。

庄子教导我们“是非莫辨”，世间万物无不在变化之中。

庄子的思想启迪我们寻求真理，对那些必然性提出质疑，让我们尽可能少地被“天意”所左右。

毕世杰

香港，2015 年

G.R.I.D.S.

引　论

“厄运很少能击垮贤人，因为理性的过去、现在、将来都一直指导他追求生活中真正重大的目标。”

——伊壁鸠鲁，古希腊哲学家
（前 341—前 270）

如果说庄子告诫我们不要自鸣得意、妄自尊大，与他同时期的古希腊哲人伊壁鸠鲁则让我们深信，我们并非无依无靠的稻草，被未知力量的风暴所裹挟。

诚然，运气在人生中占据重要地位。但如果没有知识、经验、批判思维和信仰，即便好运降临我们也无法把握。

随便逛逛书店，你会发现书架上充斥着各种金融、经济学和投资方面的书。不管到哪个国家，你总能在酒店电视、写字楼电梯间和机场候机厅的屏幕上看到彭博财经频道（Bloomberg）、美国全国广播公司财经频道（CNBC）或者其他频道，播放着有关全球市场、经济或地缘政治的节目。

我们似乎并不缺乏信息。但是，金融危机依然会发生，个人财富依然会缩水，客户依然在寻求正确的投资之道，很多人依然会失望不已。

无论是投资组合的业绩，还是提供的服务，抑或是保护资金免受负面市场波动、新规定和不可预见的全球性事件的冲击，财富管理界所提供的产品或服务和客户的期望之间总是有很大落差。

此外，财富管理界也正在转型，这种转型将重新界定行业的行事原则。随着全球意识形态斗争被改革和市场经济等共识所取代，我们的首要挑战与市场经济的原则相关，即：

- 法治原则确保投资者和企业家能够承担风险，在公正透明的法律框架下获得财富。
- 绝大多数公民都要求打击腐败和偷税漏税。
- 政府致力于完善法规和加强管理体系。
- 政府要精简机构、加强领导力。

过去 10 年间，以上 4 点已经从根本上改变了私人银行领域，并且还将持续带来更加深刻的转变。

第二个重要因素就是全球化，尤其是 1989 年柏林墙倒塌以来，全球化速度进一步加快。我们现在生活的地球村，在信息传递、国际关系、国际贸易和大多数人都非常关注的金融等方面，全球化特征尤其明显。

金融领域的规模不断扩大，投资人数不断增加，地缘政治更加错综复杂，这些因素都使投资者决策的难度加大了。

结果之一就是金融危机频发，且不断加剧。我们总会遇到危机，在未来的几十年内，还会遭遇更多的风险和震荡。这是为什么呢？原因就在于各国的议事日程不同，而且往往缺乏合作的意愿。公司的贪婪心态还是会占据上风，一些跨国银行就是最好的证明。如今的银行不太愿意投资实体经济，仍旧在资本市场上投机。2008 年和 2009 年，是纳税人的钱拯救了这些银行，而银行的高管们却抵制任何限制他们薪酬的举措。他们拒绝被问责，理由则是“大而不倒”（ too big to fall ）。

风险一旦加剧，就会涌现出新的法律法规。法律法规固然不可或缺，但由于银行会将政策风险转嫁给客户，所以终端客户的负担会加重，可供投资的选项也会受限。除此之外，要遵循那些巨细无遗的规定，银行后台的工作成本就会增加，收取的服务费也会随之不断增加。

一些投资者转向独立理财顾问或家族办公室[①]，他们可以通过自己的关系网为客户分摊风险，确保资金安全，以免在发生严重金融危机时，因为资产过于集中而损失惨重。他们会提供复杂的理财策略，并且经过与银行协商，只向客户收取合理的

① 家族办公室，英文原文为“family offices”，指为富裕家族管理财富的私人机构。——译者注

费用；还会保护客户隐私，而这一点在将来只能是少数人的特权了。

本书并无任何妙法，能让人们毫无风险地获得高收益。

在这本书中，我想和大家分享我从多年的金融界从业经验中总结出的一些观点。我想为高净值客户提供新的视角，使他们不致遭受重大损失，实现财富稳步增长。

为了更准确、详尽地描绘财富管理界，本书会谈到很多话题，包括现代金融、政府和监管、地缘政治、投资心理、社会和精神信仰以及历史等。我们会挖掘新闻背后的因素，以及如何明辨主要和次要因素。我们会讨论如何应对市场危机，过度简化金融产品的风险，对复杂对冲工具的需求以及理财规则。

最重要的是，本书会以不同的视角看待事物，在坚持理念的同时挑战必然性。这种自信源于我们有一个名为 G.R.I.D.S. 的核心框架。

G 代表保管者（guardians）

资金管理人、投资顾问以及为你理财的金融中介究竟是谁？要了解金融安全，首先要对这些人或机构的由来及职能有更透彻的了解。

R 代表风险管理（risk management）

在金融界，风险和收益、对冲和投机之间要达成平衡。我们会总结风险管理背后的关键因素。

I代表投资（investments）

支撑当今投资领域的基础是什么？是否只有像“专家”一样了解那些主要经济学家及其理论模型，才能正确地管理财富？

D代表投资分散化和对冲（diversification and hedging）

为什么这两项是长期投资组合业绩表现的支柱？投资多样化的真实含义是什么？怎样实现投资分散化？对冲能为你的投资战略带来怎样的益处？

S代表精细化（sophistication）

如今，全球市场的错综复杂前所未见，而世界却日益沦为投资过度简化的牺牲品。投资者要想保护资金，实现财富增值，就必须让自己所有的行为都更加精细。

G.R.I.D.S.

第一章

保管者

“谁来监管那些监管者？”

——尤维纳利斯，古罗马诗人

（55—127）

*

G（保管人）是我们的G.R.I.D.S.模型中关键的首字母。之所以关键，是因为它构成了资产安全的基础，它能够:

- 帮你选择托管人，并且让托管人分散化，从而保障财富安全。
- 带领你找到投资顾问，他们能适应瞬息万变的金融领域，管理你的投资组合，提出新建议，并且对市场波动迅速做出反应。
- 决定可供你选择的交易平台、投资分析及研究的质量。

*

2007 年年初，我的一位客户正持有一组规模相当大的投资组合，该组合利用的金融工具非常复杂，近 10 年来为他创造了相当可观的财富。

当年 2 月，汇丰银行发现，由于英国银行买入了美国的抵押债券，汇丰银行的不良贷款比分析师预期的还要多出 1/5。这是随后到来的次贷危机引发的首轮市场震荡。其他银行声称没有危险，他们坚持认为，次贷市场不存在任何问题。然而，我还是建议我的客户清盘变现，持有现金 1~2 年。他采纳了我的建议，挽救了数百万美元的资产。

这对客户有好处，但对于作为银行雇员的我来说也许并非好事。

客户的利益和为其服务的财富管理公司的利益未必总是一致的，明白这一点很重要。构建G.R.I.D.S.模型的第一步就是了解那些为你保管财富的人，他们各有不同，这些差异决定了他们所扮演的角色。

从管理客户资产的规模来看，全世界最大的几家私人银行最新排名如下（见表 1–1）。让人惊讶的是，尽管亚洲财富在全球财富中的占比相当大，而且还在迅速上升——汇丰银行在 2015 年年初估计，亚洲将在明年取代美国，成为世界上私人财富的主要来源地——但是名单上没有一家亚洲银行。

表 1–1　世界前 25 家私人银行，按管理资产的规模排名

全球排名	机构	资管规模（10 亿美元）	2013 年增长率	财务报告币种	全球排名变化
1	瑞士联合银行	1 966.9	15.4%	瑞士法郎	–
2	美银美林银行	1 866.6	12.5%	美元	–
3	摩根士丹利	1 454.0	17.5%	美元	–
4	瑞士瑞信银行	888.2	9.5%	瑞士法郎	–
5	加拿大皇家银行	673.2	5.6%	加拿大元	–
6	法国巴黎银行	395.1	11.4%	欧元	1
7	德意志银行	384.1	13.7%	欧元	1
8	汇丰银行	382.0	–4.0%	美元	–2
9	摩根大通	361.0	13.5%	美元	–
10	瑞士百达银行	338.1	12.0%	瑞士法郎	–
11	高盛	330.0	12.2%	美元	–
12	瑞士宝盛银行	282.5	40.7%	瑞士法郎	3
13	英国巴克莱银行	233.2	15.8%	英镑	1
14	荷兰银行	231.7	8.9%	欧元	–2
15	北方信托银行	221.8	12.2%	美元	1
16	美国富国银行	218.0	7.0%	美元	–3
17	瑞士隆奥银行	198.0	12.8%	瑞士法郎	1
18	西班牙桑坦德银行	196.5	14.9%	美元	2
19	纽约梅隆银行	185.0	3.4%	美元	–2
20	法国东方汇理银行	182.0	5.6%	欧元	–1

（续表）

全球排名	机构	资管规模（10亿美元）	2013年增长率	财务报告币种	全球排名变化
21	BMO金融集团	171.7	7.3%	加拿大元	–
22	法国工商信贷银行	141.8	–2.9%	欧元	–
23	法国兴业银行	116.3	3.6%	欧元	–
24	瑞士嘉盛银行	115.6	22.3%	瑞士法郎	4
25	花旗私人银行	112.3	10.2%	美元	–

资料来源：Scorpio Partnership咨询公司2014年全球私人银行基准报告
注：所有结果均为四舍五入后的数据

最近成立的两家亚洲私人银行，新加坡银行和渣打私人银行，每家的资产管理规模在2015年年初均不足1 000亿美元。然而，通过快速学习西方同行的经验，这些银行将扭转局面。不管是流入本地银行的零售业务网络，还是被存入公司账户，绝大多数属于亚洲的财富仍然留在本地区，因此亚洲银行具备竞争优势。

绝大多数中国的银行现在都设有私人银行业务部门，以满足中国快速增长的高净值客户的需求。高净值客户的定义是流动资产在100万美元以上的客户，不动产和企业所有权不包括在内。由于市场和监管上的制约因素，与中国香港或新加坡的同类型银行相比，这些银行提供的服务以保管财富和存款为主。尽管如此，随着中国经济开放程度不断加深，中国的财富管理业一定会逐渐接近全球行业标准。

除此之外，管理亚洲财富的还包括数以千计的本地金融中介或证券交易所、独立资产管理人以及家族办公室。

下面我们来看一下非银行类的金融中介。

外部资产管理人（EAMs/EXAMs）和独立资产管理人（IAMs）

虽然没有统一的定义，但我们可以将外部资产管理人定义为不同于资金托管人的管理人。他们利用银行的平台为客户谋利益，通常会就投资和资金托管问题提出建议，其收入来源主要是咨询费、客户支付的业绩提成以及银行佣金。

独立资产管理人和外部资产管理人很相似，但不同之处在于独立资产管理人通常对客户的资产有支配权。他们通常持有资产管理资格证，不需要经客户同意就可以采取行动或进行交易。

资产管理人这个概念起源于瑞士，瑞士现有约 3 000 家此类财富管理公司，管理着这个国家约 1/4 的私人银行资产。在亚洲，直到最近，这类公司都很少。虽然新加坡现在有良好的法律环境，而且在这个国家有数百家基金管理公司在运营，但由于相对数量较少，很多原来在亚洲负责客户关系的资深银行业者便自立门户，为富裕客户提供服务。

资产管理人的独立性是他们的一个优势。银行要靠销售内部产品来获得利润，而他们没有这种压力。银行之间存在业务竞争，这样，资产管理人就可以从所有这些银行中挑选价格最优惠的产品。资产管理人也不太可能跳槽。如果他负责一个客户，一旦出现问题，他自己将承担责任。然而，在私人银行界，优秀的客户关系经理并不好找，而这些人常常在不同的机构之间跳槽。这会扰乱对客户投资组合的管理，一旦市场出现问题，很难进行责任判定。

此外，鉴于资产管理人的独立性，他们能够整合不同银行的资产报告，并且定期就风险和针对整个投资组合采取的行动给出建议。客户通常并不愿接受基于单一银行资产报告所整合的信息。

家族办公室

家族办公室实际上是变相的资产管理人。在家族办公室，咨询顾问在投资和托管方面可以全权代表客户，客户向咨询顾问支付佣金。家族办公室在全球的数量较少，它负责管理客户的一切金融事务，其客户的流动资产一般在 1 000 万美元以上。尽管近年来此类机构的不断扩张引来了许多质疑，例如，一些机构的服务水平究竟如何，是否只是一种贴了标签的营销手段等，但一些私人银行还是成立了多个家族办公室。

金融中介和证券交易所

这些机构有时充当客户资产的托管人。他们有从事股票交易的营业执照，其收入大多来自每笔交易的差价，而这样就容易在交易价格和交易量上产生利益冲突。这些机构也附带有咨询的职能。

如今财富管理界的发展趋势是什么

- 成本上升、对透明度的需求增加，这些因素推动了小机构的合并（例如Safra银行和Safarin合并）、大机构之间的整合（例如瑞士信贷吞并瑞士瑞龙银行），以及大银行出售其下属的私人银行部门（例如瑞士宝盛银行并购美林的财富管理业务）。
- 纯私人银行和更大的“综合性”银行之间的竞争仍在继续。
- 全球财富在人口分布上发生的转移使得新老机构并存。
- 外部资产管理人、独立资产管理人以及家族办公室兴起。

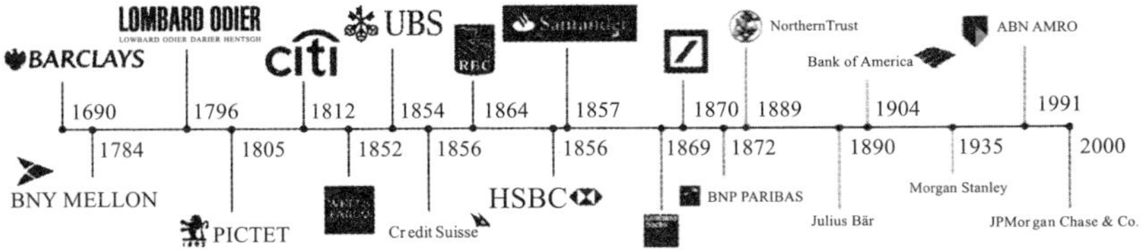

图 1–1　著名财富管理机构成立时间

19 世纪晚期以来，在瑞士和一些盎格鲁–撒克逊经济体兴起了私人银行和财富管理机构。这些国家对于金融市场的发展采取自由政策，其公民可以按自己的意愿自由投资。随着实行自由政策的国家和地区越来越多——从西欧、日本到近年来的中国、巴西、俄罗斯和其他国家，现代财富管理行业也在不断扩展。

由于积淀深厚、政府支持以及其他历史地理因素，瑞士的私人银行业仍然领先于其他国家。据位于伦敦的 Scorpio Partnership 公司统计，截至 2014 年，瑞银集团的资产管理规模达 1.97 万亿美元，瑞士信贷则达到了 8 880 亿美元。

然而，2008 年经济危机带来的压力改变了财富管理界。这些变化包括：监管加强了，信誉和法律风险相互关联；随着客户活跃度下降，银行也降低了交易费；监管者推动定价进一步透明化，而且设置了一些费用的上限；瑞士一些隐蔽的银行业务终结。

这些因素触发了产业的进一步整合，在中期范围内仍将持续。此外，一些银行将私人银行客户的最低门槛提高至流动资产1 000万美元。一些客户被降级，只能享受零售银行的白金服务，例如花旗银行的“Citigold”或汇丰银行的“Premier Banking”。曾经使用私人银行平台的客户突然退回到零售银行，收费增加了，服务标准降低了，可选择的产品范围变窄了，这些因素大大削弱了客户通过投资多样化和对冲来降低投资组合风险的能力。

尽管这一趋势仍将持续，但其速度将会放缓。自2008年起，客户对于纯私人银行（如瑞士百达银行和瑞士宝盛银行）和一些大集团（如花旗银行和瑞士信贷）下属的私人银行之间的差别，越来越了解。

下属私人银行的模式有其优势。客户可以在同一家机构享受私人银行服务，同时也可满足其对企业银行或投资银行服务的需求。私人银行的净利润只占集团总利润的很小一部分，因此，在危机时期，集团董事会很难力挺这部分业务。瑞银集团和瑞士信贷这两个集团却不在此列。两家都有投资银行业务，但却仍然极其重视私人银行部门，因为这部分业务为它们贡献了一半以上的收入。

正如之前提到的，财富管理界将出现新力量，而亚洲将引领业界的发展。随着本地财富的增加，为了分一杯羹，诸如新加坡银行、中国工商银行等集团将纷纷成立私人银行，以满足本地客户的需求。这一点至关重要，因为这些银行充分了解本地市场，而且具有相关的专业能力。有些私人银行还将进军国际市场，在欧洲和其他地区与西方国家的私人银行竞争客户。

在亚洲，外部资产管理人和家族办公室还属于新概念，但随着逐渐为人们所接受，由其管理的财富份额将会逐渐增加。他们提供的服务较为独立，而且具有延续性，这会让管理人对投资业绩、风险意识以及数据隐私更加负责。

2008 年的经济危机让客户和投资顾问的关系受到重创，双方都不想为投资失败承担责任。客户动辄起诉，双方的信任也

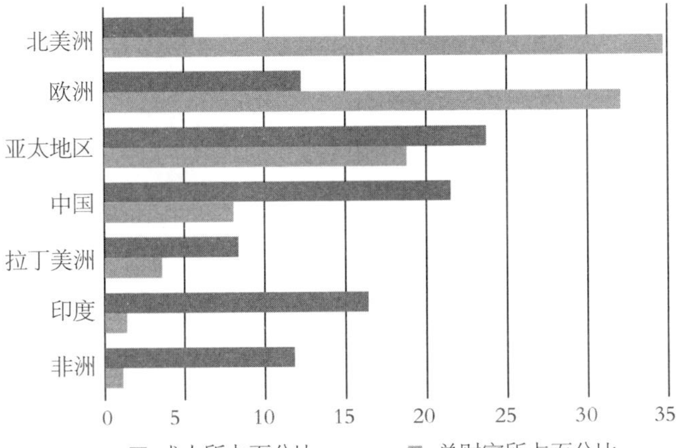

图 1–2 财富和人口（按地区划分），2014 年

资料来源：詹姆斯·戴维斯，罗德里戈·卢波拉斯和安东尼·肖罗克斯，瑞士信贷《全球财富报告》，2014 年

由此被破坏。市场投资并非易事，它需要谨慎的心态、专业的知识以及迅速分析的能力。市场当然会有波动。金融机构不断地提出免责声明，而客户只盼着获利为安，在私人银行的这种新形态下，我无法断定人们究竟能不能获得收益。

在现代社会，财富管理业还需要面对新的挑战，比如保护隐私，使用复杂的技术工具来归集财富和监控风险，满足客户对健康、休闲娱乐等非金融活动的更多需求。

当然，看到财富管理界在过去20年所取得的成就非常重要，数百万人享受到了辛勤工作和创业精神带来的成果，他们拥有更好的服务、更全面的法律保护和更大的自由。在未来几年内，随着新兴经济体创造出数百万美元的财富，这一趋势无疑会加速。

虽然多年来瑞士银行一直是银行业的典范，但是亚洲的投资方式正在为私人银行业带来改变。

绝大多数亚洲富豪都是家族企业第一代或第二代管理者，他们比那些欧洲客户更积极地管理自己的家族企业和资产。在这种环境下管理财富更像是从事一份情感上的事业。工作内容涉及家庭、遗产继承以及中国人十分重视的价值观。为确保长期发展和家族的延续，还要解决大学申请、离婚、医疗需求以及赌博习惯等问题。

该区域的高资产客户需要更积极的交易、贷款和杠杆，还有他们最急需的咨询服务。对于财富管理，亚洲人喜欢直接的方式，那就是努力赚钱。大多数富裕的亚洲人还无法想象让自己的银行经理管钱，而自己仍然很富有，不需要工作，只是享受生活。

另一方面，亚洲的财富管理还相对薄弱。它还是一种以销售为导向的行业，与成熟的财富管理的不同点在于对于风险的认知以及为客户管理财富的方式。监管者要解决这一问题，金融机构也需要更多的职业培训和职业认证考试，但是，仅有这些还不够。

首先，财富管理行业的目的是提供比零售银行更优质的服务，但收取的费用更高，可选择的产品也更多。更进一步来说，财富管理的功能是提供一种法律框架，让客户可以酌情支配其财富，并保障财富的安全，让财富持续更为长久。

金钱只是一种手段，而非目的。财富的代际转移才是我们努力的方向。

G.R.I.D.S.

第二章

风险管理

“有勇无谋，无以成事。”

——欧里庇得斯，希腊诗人

（前 480—前 406）

*

在G.R.I.D.S.理论框架下，R（风险管理）的内涵不仅是了解风险，它是指我们能够严谨地管理风险的方法，从而确保：

- 在没有彻底评估风险之前决不投资。
- 在配置资产时要采取最佳的风险和投资策略，允许承担更多的风险（而我们常常会误认为应该降低风险），以获得更丰厚的利润回报。
- 保护自己不会被5%的非常事件所影响，这些事件会瞬间造成亏损，而且对资产配置的破坏力会持续多年。

*

即便是最精明老练的投资高手也很难准确地判断风险，尤其是当一些决策会被先入之见和偏见所误导时。

许多年前，在菲律宾，我错失了一次持仓 2 亿美元的机会，因为我们公司的全球总部认为，一旦菲律宾的主权债务贬值，该国银行将极易受到系统性风险的影响。的确，许多菲律宾的金融机构都会受到政府报告的影响。直到现在，这仍然是菲律宾的一大特点。

事实上，多年来的经验已经证明了菲律宾市场的强劲。在 1997~1998 年的亚洲金融危机期间，菲律宾因为没有过多地拖欠海外债务而避免了与其他亚洲邻国一样经济崩盘的结果。中产阶级的崛起，消费者市场不断扩大，这些因素使菲律宾在亚洲国家中脱颖而出。即使是在次贷危机这场最为严峻的考验中，菲律宾也几乎没有受到影响。需要政府注资的恰恰是欧洲银行，因为他们自己购买了风险更大的次级债，多么讽刺！

无论在什么情况下，投资的根本目的都是赚钱。然而，这一点有时会让投资者及其咨询顾问对风险的认知流于表面，一心寻求高收益。

也许这是人之常情，但是它会严重影响资产配置的长期表现。事实上，了解风险是金融投资的第一原则。

风险管理绝不应被视为投资的障碍，而是一种承担更高风险、获取更高收益的手段。

在市场突然出现波动时，风险管理为你提供保护。

我们以两个投资者为例说明这一点。

张杰和李明两人的启动资金都是 1 000 万美元。在过去的 10 年里，张杰有 9 年都比李明获利多。但是在第 6 年，张杰损失了 40%，而李明每年都有收益。如果简单地取年收益率的平均值，他们的差距只有 10 个百分点，或者每年 1 个百分点。然而实际的收益差距远比这个数值大：李明 10 年后的收益比张杰多 4 764 757 美元。李明最初投资的 1 000 万美元最终带来的回报比张杰的多 48%，这就是复利的强大力量。

表 2–1　收益率对比

	投资者A	投资者B
第一年	5%	4%
第二年	18%	12%
第三年	5%	3%
第四年	25%	15%
第五年	15%	10%
第六年	–40%	5%
第七年	6%	5%
第八年	12%	8%
第九年	9%	7%
第十年	15%	11%
平均收益率	7%	8%

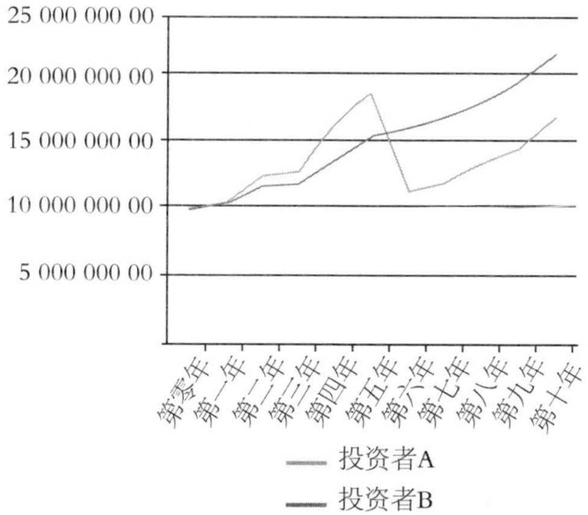

图 2–1　实际收益对比

表 2–2　实际收益对比

	投资者A	投资者B
第零年	10 000 000.00	10 000 000.00
第一年	10 500 000.00	10 400 000.00
第二年	12 390 000.00	11 648 000.00
第三年	13 009 500.00	11 997 440.00
第四年	16 261 875.00	13 797 056.00
第五年	18 701 156.25	15 176 761.60
第六年	11 220 693.75	15 935 599.68
第七年	11 893 935.38	16 732 379.66
第八年	13 321 207.62	18 070 970.04
第九年	14 520 116.31	19 335 937.94
第十年	16 698 133.75	21 462 891.11
		48%

表 2–3　收益率对比

	投资者A	投资者B
第一年	5%	8%
第二年	14%	3%
第三年	3%	7%
第四年	18%	8%
第五年	–35%	1%
第六年	10%	8%
第七年	7%	8%
第八年	–6%	5%
第九年	20%	9%
第十年	5%	8%
平均收益率	4%	7%

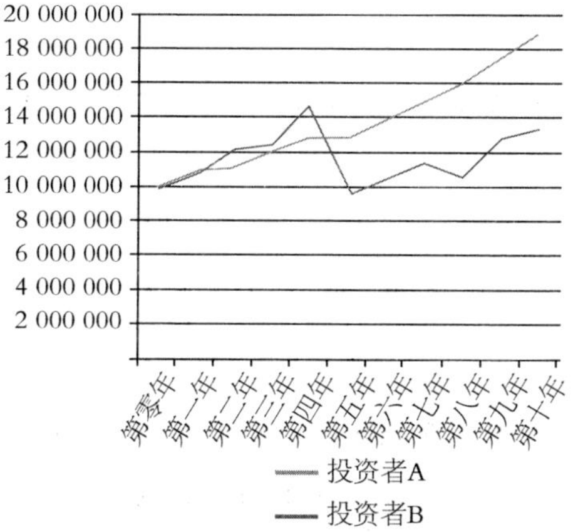

图 2–2　实际收益对比

表 2–4　实际收益对比

	投资者 A	投资者 B
第零年	10 000 000	10 000 000
第一年	10 500 000	10 800 000
第二年	11 970 000	11 124 000
第三年	12 329 100	11 902 680
第四年	14 548 338	12 854 894
第五年	9 456 420	12 983 443
第六年	10 402 062	14 022 119
第七年	11 130 206	15 143 888
第八年	10 462 394	15 901 083
第九年	12 554 872	17 332 180
第十年	13 182 616	18 718 755
		55%

某项资产配置亏损50%，即使再补回50%，仍然亏损25%。

——无名

另一种情景更能体现复利的力量。如果投资的第二年是亏损的，那么，整体的表现都会受影响。每次亏损都会推迟资金回笼的时间。虽然只有张杰曾达到双位数的收益率，但在这10年间，只有5年他的收益比李明高。由此我们发现，只要是稳定持续的，哪怕是很小的收益也会比那些因亏损而中断的高收益给投资者带来的回报更多。

复利会放大市场变化和亏损带来的影响，给客户的投资带来巨大的负面效应。相反，从长期来看，只要能避免亏损，复利就能放大平均收益或小额收益。这说明，在金融领域，只强调投资收益是不够的。只要通过对冲和复杂的工具（我们在后面将会谈到）使其资产配置不遭受损失，投资者仍然能实现合理的高收益。

风险无所不在，它和我们的生活紧密地交织在一起。死亡、疾病、失去亲友、没有小孩、离婚、发生车祸，这些都是风险。保险业现在几乎能覆盖我们生活的方方面面，例如工作时的健康保险、旅行保险、人寿保险和医疗保险。不知不觉中，我们已经逐渐习惯于降低这些风险带来的影响。

同样，金融领域也是处处都有风险，而且绝不仅是价格下降的风险。举例来说，托管人有违约的风险；利息有被降低的风险；如果流动性被耗尽，还有被熊市套牢的风险。还有法律风险，2008 年底持有雷曼兄弟发行的产品的客户面临的就是法律风险。尽管他们购买的产品和雷曼兄弟本身没什么关系，但该投资银行破产后，客户的投资也随之一去不复返。

约翰 · 肯尼思 · 加尔布雷斯（John K. Galbraith）是 20 世纪最有影响力的经济学家之一，他主要研究 1929 年的那场经济大萧条的原因及影响，这是他那个时代最大的经济灾难。在其影响深远的著作《1929 年大崩盘》（*The Great Crash*，1929）中，加尔布雷斯用一贯的机智幽默，指出人类对于过去的教训是多么健忘。

“既然投机过热必然会导致投机崩盘，人们可能会以为，华尔街会重拳整治再度投机。美联储可以应银行家和证券经纪人的要求把保证金提高到上限，并且严格针对那些试图用自己目前所持有的股票和债券进行抵押、借入资金以便购入更多股票和债券的人强制执行保证金规定。公众应该经常被郑重告知，增持股价上涨的股票是有极大风险的。当然，那些一意孤行的人只能责怪自己。证券交易所及其会员、银行和金融界的定位应该非常明确，一旦再次发生经济崩溃，这种定位应该在良好的公共关系所允许的范围内得到保护。”

“这就是为什么那些知道大错已经酿成的人会说一切都还好。”

——约翰·肯尼思·加尔布雷斯，加拿大裔经济学家（1908—2006）

“如前所述，所有这一切从理论上来说都是可以做到的。然而，实际情况却并非如此，而且将来也不会发生。这并不是因为华尔街没有发展出自我保护的本能，正相反，华尔街的自卫本能很可能发育正常，甚至高于正常水平。但是，古往今来，金融能力和政治洞察力往往呈负相关关系。商人们的长期救市活动从来没有受到高度重视，虽然这意味着要打乱眼前秩序井然的舒适生活。所以，即使现在的不作为会导致后患无穷，在当下这个时刻，人们依然会支持不作为。这就是为什么那些知道大错已经酿成的人会说一切都还好。”

有效的风险管理不仅能降低不确定性，还可以让投资者有能力承担更高的风险。

2008 年后的情形与此极为类似。尽管公共债务飙高，但鉴于高利率会给固定收入和房地产带来影响，出于对这种影响的恐惧，没有任何一个政客敢于采取正确的行动以确保未来的安全。非但如此，他们还告诉公众一切都好。银行依然在投机，但却在最大程度减少对公司的投资，尤其是中小企业，因为他们认为借钱给这些企业会有风险。

我之所以强调这个问题，是想说明为什么我们应该相信，金融危机不仅会反复出现，而且会更加频繁，愈演愈烈。历史告诉我们，尽管有了更多的法律法规，经验也更加丰富，但是我们还是无法阻止金融危机的发生。世界逐渐成为地球村，新的参与者加入了金融市场，交易量也在上升。全球金融机器变得越来越大，也日渐复杂。我们稍后会谈到，苏联解体后不到 10 年，俄罗斯的债券就造成了 1998 年那场历史上最大的全球金融危机。

显然，因为美元和华尔街占据主导地位，所以金融市场仍然会被美国的金融和法律体系所左右。然而，美国从来没有自动自发地努力去防范金融危机的发生，这也许是资本主义体系重新洗牌的一种方式。正因为这样，投资者必须采用最佳的风险策略和投资策略，绝对不能悬而不决，否则其后果会让投资者难以承受。

未来的消费者、投入全球金融体系的新兴国家、日趋复杂和分裂的地缘政治环境，这些因素构成了一个不断迅速扩张的巨型矩阵，市场是其中的一部分。投资者还必须消化吸收海量的信息，进行研究分析，浏览媒体头条、央行声明……我们怎样才能进行正确决策？是哪一部分驱动了我们的投资？

今天看上去安全的事物，明天也许会成为毒药。在 2008 年以前，欧洲和美国的银行被认为是投资市场上最安全的赌注之一。然而，他们却违约了，因为卷入了次级贷款危机，所以为维持其业务，他们榨干了纳税人的数千亿美元。标准普尔和穆迪的投资者服务部门一再向投资者保证这些次级产品是安全的。然而事实上，那些被信用评级公司评为AAA级的产品无异于高风险的垃圾产品，只适合更激进的投资者。一旦次级市场开始坍塌，评级公司对持有次级债银行的评级就会降低，银行的借贷成本会更高，市场会更加混乱。

然而2008年危机过后，一切照旧。正如加尔布雷斯所观察到的，我们不应该期待会发生什么变化。

这一切带给我们的启示是：风险管理要先于投资决策。可我们却往往颠倒了顺序。

钟形曲线

金融领域的核心充满了人们利用“钟形曲线”（Bell Curve）构建的各种模型。任何科学或工程专业的学生都会知道这些，还有一些相关概念，比如均值和变量。

制药行业会采用这种模型。例如，他们会通过大量动物试验来检测新药品，发现在98%的情况下，新药物没有严重的副作用。然后，在曲线两侧各有一条尾巴，代表用在人类身上可能出现的一些并发症。但是，一旦科学家没有预测到所有的结果，后果就不堪设想。沙利度胺①（Thalidomide）在进行动物试验时没有检测在怀孕期间的影响，结果导致1万多名婴儿出生

① 沙利度胺：是由德国制药商格兰泰公司于20世纪50年代推出的一种镇静剂。——编者注

时就有腿部残疾。

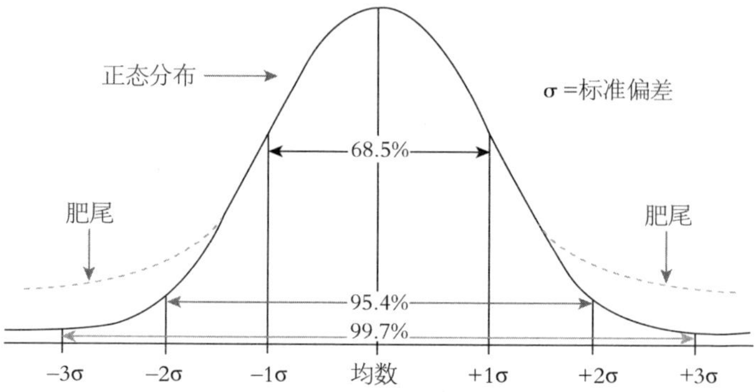

图 2–3 钟形曲线

设计福岛核电厂的日本工程师用钟形曲线模型来计算海啸引发的风险。从历史数据来看，他们的结论是，最具破坏力的海浪也不会超过 10 米高，并根据这个结论修建了相应的保护装置。基于概率的假定使得设计师们没有考虑到，一旦第一层防线崩溃后果会怎样。灾难确实发生了。2011 年 3 月，一场大地震袭击了日本东海岸，造成了切尔诺贝利事件以来最严重的核泄漏事故。如果不是设计师错误的假定，核电厂就不太可能把应急发电设备放到地下室，当海水冲过防护墙时应急发电设备也就不会被淹没。没有应急发电，一系列防止核泄漏的安全措施也就无法发挥作用了。

银行体系的许多模型和这种科学/数学模型类似，也是基于对历史数据的分析。在计算机时代尚未到来时，这种数据通常要人工处理，常常会存在一些人为的错误，成本和资源也是制约因素。今天，数据分析的数量和速度有了惊人的飞跃。有了这一技术，在和对手竞争或将利润最大化时，交易人员就可以在瞬间占据有利地位。20 世纪 60 年代以来，尼尔森（AC Nielsen）等市场研究公司就一直在用类似的方法为宝洁、联合利华等公司处理数据，为这些公司的产品营销提供竞争优势。这一方法在金融领域的运用到达了另一个层次，吸引了最优秀的研究者和最具竞争力的个人或公司。这一点我们稍后会看到。

这些模型在常规条件下可以很好地发挥作用。但当出现一些非常状况，也就是小概率事件时，问题就来了。在《黑天鹅：如何应对不可预知的未来》（*The Black Swan: The Impact of the Highly Improbable*）①一书中，纳西姆·塔勒布（Nassim Taleb）详细阐述了人类是多么不善于预测未知，尤其是超出他们经验范围的重大事件。作为一名数学家，塔勒布很清楚金融模型能为当今世界带来什么。我们仍然不善于预测未来，也同样不善于应对非正常事件，这个事实从未改变。了解这一点很重要，因为这个弱点会给资产配置的表现带来长期的影响。想要了解

① 《黑天鹅》一书中文版已由中信出版社于 2008 年 5 月出版。黑天鹅事件指非常难以预测，且不寻常的事件，通常会引起市场连锁负面反应甚至颠覆。——编者注

这方面金融知识及其在日常生活中的应用，我强烈推荐大家阅读塔勒布的这本书。下面我将为大家展示塔勒布是如何描述我们对于黑天鹅事件的无知（括号内的评论是我的注解）：

- 我们从已知中事先选择好一部分，将其扩展到未知：过分肯定的错误。（我们很容易依靠片面的信息得出结论，而且将这些结论变成解决一切问题的普遍定律。）
- 我们对特定模式有一种柏拉图式的欲望，我们会用能满足这种欲望的故事来自欺欺人：叙述谬论。（我们需要确定性，一旦确定性缺失，我们就会创造确定性，将我们的自信合理化。）
- 我们表现得黑天鹅事件好像并不存在：人类天性无法接受这种未知。（我们不喜欢未知，并且倾向于像鸵鸟一样将头埋入沙子当中。）
- 眼见未必为实。历史掩盖了一些黑天鹅事件，让我们对出现这些事件的概率产生了错误观念：这是对沉默证据的扭曲。（真实事件比我们的思维结构所能接受的更复杂，更精细，也更微妙。）
- 我们会“打开通道”：也就是说，我们只精确地知道极少数不确定性的来源，我们关注的就是这些，就是几个具体的黑天鹅事件（其代价就是不容易想到其他事件）。（我们对无法预知的事件总是准备不充分。）

有趣的是，这些弱点正是人类的行为模式。和所有的事实相比，我们所知道的显然可以忽略不计。此外，我们还是家教、教育和社会现实环境的牺牲品。

我们回到钟形曲线。市场上绝大多数事件都是正常的（比例为 95%）。市场的崩溃只会是短暂的事件。如果市场崩溃代表了一种长期趋势的开端，投资者也可以相应地采取调整措施。问题在于另外那 5%的非正常事件，这部分事件可以瞬间让你的资产灰飞烟灭，而且带来的损害是持久性的。G.R.I.D.S.为我们提供了框架和规则，帮助投资者降低陷入非正常事件的概率。

我们来看一些历史上著名的金融危机：

“郁金香热”，1636~1637 年

17 世纪早期对荷兰来说是一个极度繁荣的黄金时期，商业贸易蓬勃发展，金融创新百花齐放。事实上，一个最常见的例子就和花有关，我们常常用它来说明过度投机以及必然会随之而来的泡沫破裂。

新产品往往会受到极大的关注。郁金香于 17 世纪初首次出现时，受到了人们极大的青睐。绚丽的色彩和优美的花苞让

人为之着迷，一时间，形成了一股买卖郁金香球茎的热潮。人们认为，哪里有交易，哪里就有机会。郁金香球茎成了炙手可热的商品。为了满足暴涨的需求，几位先行者开始自己种植郁金香，这标志着郁金香贸易热潮开始蔓延。

郁金香球茎的交易随处可见，即使在小酒馆里，而且价格在持续上涨。由于郁金香是一种相对较新的商品，人们对这种商品的认识有限。一些人认为，只要种植郁金香就能迅速发家致富。然而，大规模的种植让郁金香极易被疾病感染，虽然染上这种病的郁金香颜色异常瑰丽，但它却丧失了繁殖能力。对郁金香的需求仍在上升，而供应量却下降了，这种供不应求的状况导致荷兰出现了有历史记载以来的第一次投机泡沫，人们称之为“郁金香热”。

郁金香交易被炒得热火朝天，投资者在没见过实物的情况下就签署协议购买了郁金香球茎。这场疯狂的投机带来了灾难。随着价格下跌，那些持有球茎的投机者负债累累，甚至倾家荡产。

在某种程度上，郁金香球茎与那些被盲目追捧的次贷产品很相似，只不过这场投机泡沫发生在400年前。贪婪和“非理性繁荣”似乎已经一直在跟随着我们。

南海泡沫，1720 年

英国诗人亚历山大·蒲柏（Alexander Pope）在南海公司股票亏损后写道：“终于，腐败像汹涌的洪水，淹没一切；贪婪徐徐卷来，像阴霾的雾霭弥漫，遮蔽日光。”

1720 年南海公司股价的暴跌通常被视为英国的第一次金融危机，而且常常被用于说明贪婪和盲目投机的危害。真实的情况其实更微妙，也更有启发性。

南海公司成立于 1711 年，暗中帮助政府解决 20 多年的战争累积的债务问题。公司承担了一部分政府债务，作为回报，公司获得了低息债券和对南美洲的贸易垄断权。实际上，投资者用政府债券交换南海公司的股票。

这样做之所以能有吸引力，一部分原因在于投资者预期西班牙会让步，这样南海公司的贸易垄断就能获得巨大的利润。两年后，英国和西班牙握手言和，这些预期全部落空了。公司管理层竭力想从投机活动中获利，董事会退而采用曾经成功的那个战略。两个以债换股的计划也通过操纵公司股票价格得以实现，许多政府高层官员卷入其中。

财政大臣约翰·艾思拉比（John Aislabie）收取了南海公司赠予的市值 20 000 英镑的股票，作为大力声援公司股价的回报。股票被一小撮内部人士把持，他们把这些股票分给少数关系密切的亲友。一些投机者甚至借贷买股票套利。1720 年年初，南海公司股票交易价格为 128 英镑。6 月飙升至 1 050 英镑。然而至 1720 年年末，一切都回到了原点。

泡沫破裂对那些被南海股票套牢的人来说无疑是场灾难，绝大多数国会议员都身陷其中。艾萨克 · 牛顿因而悲叹："我能算准天体的运行，却无法预测人类的疯狂。"

然而，这场灾难中也有胜利者。书商托马斯 · 盖伊（Thomas Guy）用获得的红利成立了今日以他的名字命名的儿童医院——英国伦敦盖伊医院。

历史学家朱利安 · 霍比特（Julian Hoppit）评论道："这场泡沫很大程度上是由政治严重偏离正轨造成的，它不再为公众谋利益。"

犯下贪污罪的艾思拉比除了被逐出下院外，还被判在伦敦塔内监禁一段时间。但是，他依然家财万贯，1724 年，他还将 13 000 英镑作为礼物赠送给他的一个女儿。与艾思拉比一起被单独问责的还有邮政总局局长老詹姆士 · 克拉格斯（James Craggs），克拉格斯在审判前夜身亡，被怀疑是自杀。他给女儿们留下了超过 150 万英镑的遗产。

投资者对新产品知之甚少、监管不当、政府共谋、杠杆交易、没有问责机制，这些现象如今并没有多少改观。

长期资本管理公司，1998 年

长期资本管理公司是最大的对冲基金公司。它由所罗门兄弟公司的套利投资部门负责人约翰·麦瑞威瑟（John Meriwether）成立，其合作者包括诺贝尔经济学奖得主迈伦·斯科尔斯（Myron Scholes）。该公司于 1994 年初成立之时，其基金规模仅有 10 亿美元。4 年后，长期资本管理公司却要在政府引导下被接管。

在最初几年，该基金公司采取一种相对价值套利的策略，买进他们认为价格较低的资产，同时将相对高价的相似资产卖出，通过这种方式，给投资者提供了大量分红。由于每笔交易的潜在收益较小，于是，公司为了扩大收益就大规模借债。正如斯科尔斯所说，长期资本管理公司就像一台巨大的吸尘器，“将每一分钱都吸入囊中”。在鼎盛时期，该基金公司的资本金达到了 48.7 亿美元，总资产达 1 250 亿美元，而且几乎全部是表外衍生品。

所有的银行都想分一杯羹，于是给麦瑞威瑟和他的团队提供了几乎无限额的信贷。瑞银集团、摩根大通、摩根士丹利、高盛集团和所罗门美邦国际等知名公司都承担着该基金公司的风险。该基金公司的风险模型是由华尔街和金融界中最顶尖的精英构建的。这些模型认为潜在的灾难事件 100 年才可能发生一次，而且只会持续 2~3 天。

结果，他们错了。灾难发生了，而且持续了数个星期。

1998 年 8 月，俄罗斯货币贬值并宣布债务违约。这一举措震惊了全球市场，所有的投资者都开始抛售手中的资产，纷纷远离泥沼。由于其杠杆经营的特性，长期资本管理公司损失惨重，而且面临贷款违约的风险。由于其管理的基金占全球互换市场的 5%，一旦破产极有可能引发全球金融危机。1998 年 9 月，在美联储的操纵下，几家银行联合为长期资本管理公司提供紧急援助。

即使是诺贝尔奖得主也无法准确判断市场活动的时机。一条基本准则是，在市场面前，所有的投资者都要秉持谦卑开放的心态。资产组合是无情的，唯一能够驱动它的就是业绩。事实永远应该摆在第一位。

安然事件，2001 年

2000 年年末，《财富》杂志已连续 6 年将安然公司提名为“美国最具创新精神的公司”，并且评论道：“谈到以创新带动转型的能力，安然公司首屈一指。”《财富》写道：“正是因为承诺创建新的企业类型，而后又实现了垄断，安然由一个旧经济模式下拥有2亿美元资产的分销商转变为新经济模式下资产达400亿美元的交易引擎。”

2001年，安然公司宣布其利润超过了1 000亿美元。次年，公司承认利用会计漏洞和离岸公司[①]隐藏了衍生品造成的数十亿美元的损失。公司花费数百万美元来游说政府部门和巩固投资者关系，为美化其公众形象而取悦于媒体和分析师。负责安然公司所有审计业务的业界翘楚安达信会计师事务所（Arthur Anderson）在安然破产后也分崩离析。

安然公司的例子告诉我们，即使最好的公司也存在欺诈的可能，即使是公司治理和监管制度被公认为最完善的国家也概莫能外。投资者应培养怀疑精神，对媒体宣传的一些“常识”应保持清醒。

次贷危机，2007~2009年

这场1929年以来最大的金融危机爆发后，所有的分析师都震惊了。我认为，最应该对此次危机负责的是信用评级机构。

2008年这场危机的根源是向无力偿还的人销售按揭贷款。

① 离岸公司：在公司注册地以外经营的公司。当地政府对这类公司没有任何税收，只收取少量的年度管理费。这类公司有保密性、减免税务负担、无外汇管制三大特点。——编者注

银行把这些产品捆绑后打包成衍生品，然后卖给机构客户。实际上，这些被标准普尔、穆迪和惠誉国际（Fitch）等评级机构评为AAA级的债券不过是一纸垃圾。这些机构的失职引发了一场金融海啸，数千亿纳税人的钱被洗劫一空。目前，整个金融界仍然在依赖评级的质量，但这些机构的运作方式却没有任何改变。

次贷危机就是我们这个时代的缩影。消费者无法接受量入为出的生活。银行利用这一心理，把这些交易加以包装，让任何人都能购买房产，不管其信用记录如何。正是基于房产日后必然会升值的这种设想，所以消费者借钱还房贷，而用自己的钱去买汽车、电器和旅行度假。

美国政府和美联储也对此视而不见，因为经济上涨了，大家都开心。正如加尔布雷斯观察到的，管理者往往倾向于得过且过，不愿采取强硬却必要的管理措施。监管执行不当，相关负责人也没有被问责。

雷曼兄弟破产，2008 年

2008 年雷曼兄弟的破产让全世界的金融体系陷入混乱。这次危机还揭示了一种新的风险，投资者对这种风险知之甚少，而业界对这种风险的讨论也极少。

在那一刻之前，人们一直认为投资者面临的风险主要存在于“标的证券”——你所购买的股票或债券所属的那家公司。所有市场参与者、客户和他们的银行经理都这么认为。但雷曼兄弟的破产告诉我们，证券发行者也会让我们赔钱。

我们现在有必要对发行商也提出质疑。如果不能信任发行证券的机构，那么就最好不要购买它们的产品。如果这个问题没有解决，要想在金融体系内重构信任是很难的。业界的争论主要都是针对金融工具。衍生品的优势、投资选择或其他类似的金融产品，对这些话题的争论并没有切中要害：因为无论好坏，他们都在那里。我们没有回头路。

政府应该确保的是，当发行商违约时，市场上有另一支力量能介入进来。例如花旗银行对其客户采取的办法就是接手了一部分雷曼兄弟的投资工具。其他案件则最终交给纽约法院来审理，经过长达数年满怀愤懑的诉讼后，客户只讨回了投资金额的 1%。银行机构陷入了极大的信任危机。但是风波过后，每个人都忘记了当初发生的事，市场依然照旧。

对投资者来说，一个重要的启示就是，公共部门的干预能够改变局势。美国财政部长决定让雷曼兄弟倒闭，但其实这家公司的状况比贝尔斯登公司（Bear Sterns）或美林公司更健康。投资者很难预测哪家华尔街的大公司能够生存下来。

麦道夫骗局，2008 年

伯尼 · 麦道夫（Bernie Madoff）是华尔街最恶劣的金融诈骗犯。他只针对富人，而这些客户投资的是麦道夫本人。

客户说："我 20 年来一直投资他的对冲基金，每年的收益率有 20%！"

即使不是天才，我们也能知道这是有问题的。这其中有贪婪，还有某种程度的盲从。如果对冲基金投资回报率能长期保持在 20%，那么为什么零风险投资的回报率却只有 1%？麦道夫骗局针对的那些人都是受过高等教育且精于世故的人，为什么他们也会上当？投资就像生活：当你回头看，日子总是有好有坏。如果你已经连续几年获得高额收益，那么你应该提醒自己保持警觉。但麦道夫的客户并不想从美梦中醒来，面对现实。

别忘了：天下没有免费的午餐。

金融市场应该由更加强大、独立的机构来监管。不幸的是，评级机构和美联储之间存在利益冲突。美国财政部则受制于政府，而且归根结底是选举人。在理想的世界中，公司应该是透明的，没有欺诈的；市场应该被允许具有更大的流动性，而且不受外部干预。然而，这只是一个乌托邦。

我们从这些案例中可以看出，大多数金融危机都很难预测。有时它们是由监管缺失或监管不力造成的，有时则是源于公司的贪婪和盲目。在另一些情况下，则是因为投资者的“幻想”蒙蔽了理性。

市场依然在运行，它们总能生存下来，但是投资者的财富可能会一去不返。

G.R.I.D.S.

第三章

投资

“尝试一下！生命就是一次机会。走得最远的人往往是那个愿意全力以赴、勇往直前的人。”

——戴尔·卡耐基，美国作家和教育家
（1888—1955）

*

I（投资）是G.R.I.D.S.模型的核心，没有它，其余一切无从谈起。毕竟，我们关注的就是投资，要想投资成功，我们就需要：

- 理解现有投资产品的种类，以及这些投资产品会给我们的投资组合带来什么影响。
- 在G.R.I.D.S.提供的规则下进行投资，从而兼顾风险管理和分散化。
- 加深对市场和金融的了解，让我们能够全盘掌握自己的财富。

*

本章的第一部分将会简要介绍市场上主要的几种投资产品以及一些投资策略。第二部分则将更深入地从“专家”的角度探讨现代金融。

要做出任何投资决策，必须首先为你的投资组合确立一个预期收益目标。有两个重要的衡量指标：存款利率（以伦敦同业拆借利率为例，简称Libor）和通货膨胀率。投资组合业绩目标（portfolio performance target，简称Pft）应定义为：

$$\text{Pft} = [\text{Libor} + (y)\%\ ] +/- \text{通货膨胀因素}$$

如果Libor为1%，且通货膨胀率也很低，通常Pft超过Libor+5%，投资者就会觉得还不错。如果Libor为1%，而通货膨胀率不断升高，投资者就会寻求更高的收益，使财富不至于贬值。央行通常会提高利率以缓解通货膨胀率升高带来的影响，但政策发挥作用总会有一段时间的滞后。近年来，全球存款利率都较低，但从图 3–1 中能看到，仍有一段时间利率维持在 4%左右。

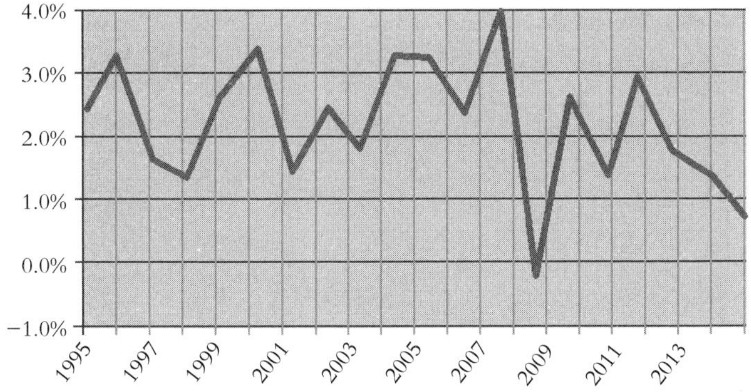

图 3–1　1995~2014 年世界存款利率变动

资料来源：USinflationcalculator.com。1995 年 1 月 1 日至 2014 年 12 月 31 日

投资者从一开始就要有明确的目标，因为这决定了你能够承受的风险级别以及资产配置中的投资类型。

第一部分　投资概论

绝大多数银行和金融中介机构都会按风险等级来为资产类型归类，并按照从“保守型”(资产以现金和固定收入为主)、“平衡型”（资产包括股权、固定收入、现金等）到“进取型”（会使用所有的投资产品类别，包括衍生品和对冲基金）这一范围对投资者进行分类。这种有力的监管措施能保护客户，尤其是初级投资者，使他们不会在别人的引导下购买不熟悉的金融产品。

这一措施的缺陷在于，那些脆弱的投资者被剥夺了选择复杂投资工具的权利，而这些工具能在市场下行时起到保护作用。那些因相信股票是安全的而只投资欧美大银行的客户在2008年经济危机到来时损失惨重。讽刺的是，那些被认为对初级投资者来说风险过高的产品和工具反而能极大地减少损失。

虽然今天可选择的投资种类数量惊人，我们仍然可以大致把它们分为几种资产类型。

存款和货币市场基金

低风险、低回报的产品包括从简单的银行存款到由短期、高质量的流动资产组成的货币市场基金等。在市场下滑，或者需要时间评估下一步投资行动时，它们可以充当基本的避险工具，但从长期来看不应成为投资组合当中的主要部分。

投资者还需要明白，完全没有风险的事物是不存在的。银行都可以倒闭。货币市场基金的手续费也可能抵消掉其微薄的收益。

债券和固定收益证券

2014年年末，英国政府发布了一则奇怪的公告，宣布政府计划偿还近20亿英镑的债务，这些债务最早可追溯至18世纪初西班牙王位继承战争。

虽然涉及的总额并不是非常高，但此举充分体现了几个世纪以来，债券市场和发动战争的成本之间总是相关的。几百年来，政府借钱来为其军队提供资金支持，并承诺通过税收、战败国的赔偿或经济增长红利来定期支付利息。在早期，由于无法偿还的概率很高，因此贷款方会适当要求较高的利息回报。随着市场的发展，主权债券发行者逐渐被视为信用最高的借款人，成为公司、地方政府和其他发行机构为债券定价的标杆。

如果情况恶化，债券属于应首先偿还的行列，这也使得主权债券的风险比股权投资要低。债券持有人面临的主要风险就是利率升高，利率升高会使债券收益的吸引力降低，进而拉低债券的价格。此外，长期债券的价格经常会有波动，尤其是所谓的没有固定赎回期的长期持有产品。在极端的情况下，信用风险会对债券价格产生极大的影响，甚至会导致债务违约。随着全球化的加深和新兴市场债券发行的兴起，固定收益产品的风险比20年前要高，投资者需要更加谨慎。

市场的另一个主要风险来自套息交易，即投资者利用一个国家提供的低息贷款去购买其他地区的高收益资产。低利率货币使得这个数万亿美元的市场进一步升温，如果货币环境发生改变，利率增加，投资者就会出售债券来偿还贷款，套息交易就会逐渐平息。

历史告诉我们，像英国政府这样在几个世纪后承兑债务的并不多见，我们不能把它视为常规。无论是通过债务违约还是通货膨胀，西班牙、意大利、法国和许多国家都曾想方设法躲避偿还债务。德国，这个坚决反对再次启动希腊债务协商的国家，却在“一战”后通过一场恶性通货膨胀将自己的债务一笔勾销，“二战”后又进行了一场货币改革，债务再次被清除。

归根结底，是否偿还债务属于政治上的决策。坚持向纳税人偿还债务是否会拖垮政府？那些富裕的外国投资人会对债务违约感到愤怒，是否有必要承担这种风险？阿根廷、俄罗斯和其他国家的经验表明，当政府再度发行利息诱人的债券时，投资者很快就会把过去的损失忘得一干二净。

至于公司债券，鉴于债务法并不完善，而且越来越多的人接受了“失败是资本扩张不可避免的一部分”，人们对破产的反应不再像从前那样激烈。当公司陷入危机时，投资者会因为他们能要回多少美分——俗称“缩水”——而卷入旷日持久的纠纷。

当然，大多数利息还是能按时得到支付，大多数发行商还是能够偿还本金，也就是当债券到期时按票面价值予以偿还。据标准普尔统计，2012 年全球公司债务违约率为 1.1%。

固定收益类产品已经发展成为几乎能满足任何投资者需求的产品。定期支付、兑现日可预见，这些确定因素意味着债券仍然是长期财富管理的支柱。

股权投资

股权投资的概念很简单：投资人共同拥有一家公司的所有权。1600 年，英国东印度公司成立，现代股份形式首次出现。但是真正让股份形式有了实质性进步的是荷兰人，他们在两年后成立了荷兰东印度公司，公司股权开始在阿姆斯特丹证券交易所上市交易。

公开交易股票让公司能从更广泛的投资人那里融资，从而资助不断扩张的全球贸易，这让面积不大的荷兰在 17 世纪上半叶成为世界领先的金融中心。此外，投资者也可以分散风险。股票投资从本质上来讲是一种投机活动：如果公司成功了，持有该公司的股票会带来大笔收益，但是在成立的头 5 年内，公司有 50% 的概率会倒闭，如果出现这种情况，你就会倾家荡产。如果一个公司发展到公开上市的阶段，投资者就极易受到市场波动和每日随机波动的影响。

参与股权投资有很多方式。投资者可以重点关注大的蓝筹公司，这些公司不太可能倒闭，而且会定期发放红利。例如汇丰银行已经存在了一个世纪以上，从成立5年后到2014年，汇丰银行发放的红利平均达到了其股票市值的4%。与此相对的还有另一种方式，投资者也可以关注小公司的成长潜力——廉价股或创业股，也可以关注新型行业，比如生物基因等。

人们常说，从长期来看，股票比债券的表现更好（见图3–2）。可我们应该注意到，绝大多数投资者不会连续80年持有同一只股票。绝大多数公司都是它们那个时代的产物，会经历成长、稳定、衰退这一自然的发展过程。只有成立于1923

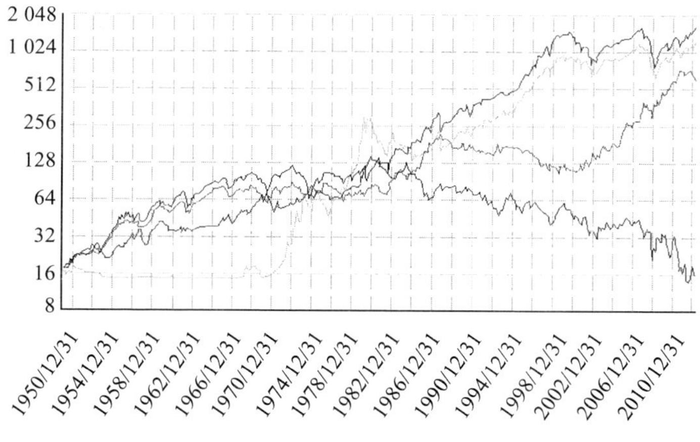

图3–2　股票与债券的长期收益对比

年的通用电气如今依然是标准普尔评级的标杆之一。不仅如此，购买债券的最后时机通常是可预测的，但预测退出股市的最佳时机却要复杂得多。

交易所交易基金

世界上第一只交易所交易基金是仿照标准普尔 500 指数基金的表现设计的，并于 1993 年 1 月开始交易。截至 2014 年年底，全球已有 5 632 只交易所交易基金，吸引了 2.7 万亿美元的投资。

虽然现在很多交易所交易基金主要关注产业，例如亚洲的医疗保健或高收益债券，但它基本上还是复制了标准普尔 500 指数基金和恒生指数基金。要想以较低的成本买进多种类型的证券，交易所交易基金是一种很好的选择。在许多情况下，它们可以在短期内被卖出，也能用于对冲一部分资产面临的风险。

交易所交易基金的收益能与其所购买的股票收益持平，这是绝大多数共同基金经理人达不到的业绩，但是，它也会带来同样的损失，也同样会受到股市波动的影响。就像买进股票时要支付交易佣金一样，交易所交易基金的交易也需要交纳一定的佣金。投资者要仔细了解该类基金交易的各项手续费，交易所交易基金的佣金和管理费通常低于共同基金。

共同基金和对冲基金

全球共同基金现在的资产规模达到了30万亿美元以上，比过去20年增加了10倍。很多因素加速了这种爆发式的增长，比如市场全球化，发展中国家中产阶级储蓄的兴起，以及西方国家政府将支付养老金的责任转移给个人等。

现有的基金产品多达好几千种，覆盖了所有的投资策略、国家、行业和资产类型。这些基金产品让投资者以多样化的方式接触市场，降低了单个股票和债券的风险。共同基金基本都有明确的标杆，因此投资者可以很容易地评估基金的表现。此外，在流动性方面也几乎没有限制，投资者能随时退出。

至于负面因素，从长期来看，基金的表现很少能高于市场水平，这就凸显了一个问题——每年的管理费和其他的手续费会吃掉一部分收益。共同基金也必须遵循投资标准，从而可以防止基金经理在熊市中进行空头交易，也可以设置现金资产持有比例的上限。

对冲基金则没有这么多的限制，可以使用复杂的策略来将风险降至最低，同时使收益最大化。整体来说，这种优秀的投资产品有一个缺点，但有时这也是必要的——许多投资者要支付高额的手续费，因此损失了不少资金。总体来说，对冲基金还处在不成熟时期，我相信随着时间的推移，这种产品会得到改善，能够更好地保护客户的资金。

根据对冲基金研究公司（Hedge Fund Research）的统计，在经历了20世纪90年代的高收益时期后，对冲基金业在2009~2013年间经历了惨淡时期，连续5年不及标准普尔500指数基金。美联储结束量化宽松和利率增加不可避免地会导致市场混乱，在这一背景下，对冲基金能否重现过去的辉煌，我们只能拭目以待。

虽然对冲基金是一种让资产配置多样化的有效方式，但投资者要特别注意流动性问题，因为有些对冲基金很难出手。由于缺乏透明度，价格估值也是容易出问题的一个方面。

私募基金

私募基金通常涉及房地产开发、创业企业的接管和合并，以及家族企业上市等方面。

这些公司通常只接受半机构化的客户，或者是成熟的财富客户。投资者通常必须承诺连续几年持有基金，基金会给予他们丰厚的回报，同时也会在不同的经济周期和时间框架内，使资产类型更加多样化。

房地产、房地产信托投资基金和房地产基金

地段、地段、地段。和许多陈词滥调一样，这句针对置业的老话虽然听起来老套，但却很有道理。世界人口在增长，但土地资源有限。房地产即使不是最佳的长期投资方式，起码也是最佳的投资方式之一。

有选择地在特定地段购买能增值的房地产是有意义的，例如在曼哈顿、伦敦富人区梅费尔和香港太平山顶。随着利率升高，全球房地产的价格可能会降温，但随着极高净值资产购买者的不断升级，奢侈品市场会获得支持。

投资者也可以选择通过购买特定行业的共同基金进入房地产市场，这样就避免了实体资产缺乏流动性的问题。另一个选择则是房地产信托投资基金，它能像固定收益产品一样支付红利。

商品

如果追本溯源，你会发现所有经济活动的源头都是商品，商品是让这个复杂的全球商业机器得以运转的原料。

有些商品我们离开它就无法生活，比如铜，我们靠它来

导电，这样才能驱动混合动力车，才能获得饮水，当然还有千千万万种用途。有的商品可以体现经济的增长，比如石油。有的则是世俗生活中的投资对象，比如粮食短缺时的农作物。还有的则是保值工具，比如黄金，它不受国界和朝代的影响，能够抵御通货膨胀，也可以充当政治动荡时的避险工具。

投资者应该谨慎尝试：商品究其本质来说是最基本的投资产品，但是商品市场错综复杂，并且政府干预常常会改变局势。繁荣—萧条的循环也会影响到商品市场，投资的风险和回报都被放大了，因为绝大多数商品投资都是以衍生品的形式进行的，而非实际持有。当然，作为使投资组合多样化的有效工具，商品也可以降低风险。

衍生品和期权

在最近的金融危机中，衍生品的作用引起了媒体和一些政客的高度关注，他们呼吁要加强对衍生品的监管，甚至对某些产品下禁令。他们想要重回过去的时代。

但很遗憾，衍生品不会消失。它们还在增加，对于绝大多数普通人来说，其数量之多根本无法计量。计算机的运行速度越来越快，技术也愈加精妙。全球市场自 2008 年后就没有回归常态，而且对于如何避免类似灾难再度发生也没有实质性的讨论。解决之道并不在于控制衍生品的出现，而在于切实发展审计制度、制衡体系以及可以迅速执行的监管措施。

要实现上述目标，我们需要理解衍生品出现的原因以及它们所发挥的基本作用。

芝加哥是今天衍生品市场的中心。由于中西部农民需要保证收入，衍生品市场应运而生。如果风调雨顺，庄稼收成自然会增加，粮食价格就会下跌。为了自我保护，农民开始购买一些期权，以便在收庄稼之前就以固定的价格将粮食卖出去。通过支付期权费，农民们获得的是确定的期货价格。另一方面，出售期权的人赚取了期权费，同时也承担了风险，因为他认为商品价格会上涨。

国泰航空等航空公司雇用了专门团队用期货合同来对冲航空燃油的价格波动。期货合同不同于期权，因为前者承诺在将来一个固定的日期以固定价格购买或出售货物，而从期权这一名称就可以看出，它代表的是一种购买或出售的权利，而不是义务。2014 年下半年，油价大幅下跌，这意味着一些航空公司额外支付了很多资金，而且要解套就会面临巨大的损失。对于航空公司来说，最棘手的问题就是确定应该对冲多少未来的燃油使用量。

因此，通过期权或期货合同，一些商品的生产商，比如石油公司，能够保护自己不受价格下跌的影响，而像航空公司这样的消费者则能保护自己不受价格上涨的影响。

投机商也会从事期货交易，他们认为对冲者竭力避免的价格风险也可以是一种机遇，他们可以从有利的价格波动中获利。交易双方总要有人来承担价格涨跌的风险，每一笔交易都是如此。有人赢，有人输。但总的来说，这些交易能促进实体经济，帮助转移风险并增加资金的流动性。

最初，衍生品和期权的出现是为了保护农民免受粮食价格下跌的影响。为了能购买种子、化肥，支付劳动力和土地的费用，农民们需要能确保在粮食收割几周或几个月后，以可接受的价格将它们卖出去。在今天的金融市场上，这些产品的作用也是如此：有人支付期权费，获得保障；有人接受期权费，承担风险。

这些金融产品能提供巨额的潜在收益，也可以用来在充分获益的同时将负面风险降到最低。它们可以使你的资产配置多样化。简而言之，我们不能忽视这些金融产品。

投资策略

投资有很多种渠道，各种各样的策略，还有数不清的书籍传授所谓的成功秘籍。但事实上，并没有什么万灵丹，没有谁能只赚不赔，或者从来不出现投资失误。下面我将介绍几种不同的投资策略：

交易型投资：投资者每天买进卖出，根据市场氛围累积薄利或减少损失。这种方式在正常情况下行之有效，但当遇到重大市场调整时，这种方式可能会带来灾难性的后果。成败的关键在于是否能够迅速减仓，在市场没有进一步恶化前停损。不幸的是，很少有投资者具备及时撤出的意志和技巧。

杠杆式投资：利用贷款获得更大的收益，在利率下行或者像过去 10 年一样处于极低水平的时候，这是一种极为有效的方式。关键是要投资稳健的资产，否则你可能就要在低迷时被要求偿还贷款。在极端情况下，为了偿还贷款可能要清算资产，这样通常会让投资者损失惨重。

套利交易：最大的套利交易是在利率低时借入日元，然后将其卖出，购买高收益资产。日本利率已连续几年接近于零，所以利率风险较低。然而，货币波动的影响深远，投资者必须做好准备，应对不利波动。根据货币和利率的不同，可选择的套利交易种类繁多。

价值投资：最著名的价值投资人就是沃伦·巴菲特了。这种投资将目标定位于特定的公司，这些公司的基本价值没有反映在股价上。这也许是最有效的投资策略，但要求买入后长期持有公司股票，而一些投资者追求短期获利，因此很难采取这种方式。

共同基金投资：这种策略使投资者可以通过很多途径进行投资，使持股多样化，减少单一持股带来的风险。

管理投资：对于事业繁忙的客户来说，这是一种确保正确投资的方式。采取这种投资策略，你要允许基金经理在一定的授权范围内自由管理你的资产。最重要的因素是设计资产组合的框架、建立规则、制定目标以及基金经理必须遵守的风险承受范围。

除了令人眼花缭乱的各类产品和策略，市场上还有无数的可供投资的机会，例如利率决策和展望，市场调整，低点和高点，宏观经济数据，地缘政治事件，公司业绩，新产品发布，商品需求，干扰性的新技术，政府开发新企业的计划，税收变化等等。这个清单还可以不断地扩充。

是什么让投资者无法从这些机会当中获得最大收益？答案有两个：恐惧和贪婪。

当投资者恐惧时，在市场出现不利因素的情况下，他们就不能果断地在低点买进，而低点买进是风险最低的最佳获利方式。

另一方面，贪婪意味着会一直持有，期待更高的收益或拒绝停损，这样就会错过锁定收益的时机。有节制的获利并不会让投资者无缘下一波有利行情。明智的投资者知道何时买进，而顶尖的投资者知道何时卖出。

第二部分　专家级投资

过去70年，金融世界如何一步步发展到现在的样貌？下面我会从深层次加以分析。这一部分并不会列出所有的观点，我想要表达的是，投资者可以通过多汲取知识，培养出“专家”级的金融素养。

20世纪，在美国和英国这两个世界最大的资本主义社会，许多意识形态上的冲突催化了现代金融市场。盎格鲁-撒克逊的一种思维是保持低税率，开放交易渠道，让市场自由主导；然而，和天主教的传统不同，新教徒的信念是，变得富有并没有罪，钱财是支持社区繁荣和发展的工具。

目前，这两个国家仍然稳坐全球金融市场头两把交椅。英国和美国的大学引领着科研方向，而且大部分诺贝尔经济学奖的得主都出自英美两国。近年来，拥有巨大消费市场的中国和印度也受到西方经济模式的启发，加入了华盛顿和伦敦的阵营。

从历史观点来看，目前的金融体系是“一战”后形成的世界秩序的产物，4年的战争让欧洲国家濒临破产，美国于是成为欧洲国家最大的债权人。“一战”后发生的1929年大萧条，至今仍然是历史上最大的金融危机（虽然2008年的次贷危机在严重程度上可与之并论，但其社会影响却不可同语）。

一些历史学家认为，“二战”的开始标志着后1929年时期的结束，从此美国工业倾其全力来支持战事。

“二战”后，美国再次提供资金重建欧洲和日本。1944年，联合国制定了布雷顿森林协定（the Bretton Woods Agreement），创造了划时代的货币政策和汇率管理体系。该协定的概要如下：“各国应就影响彼此的国际货币波动进行磋商并达成一致。对于危害世界繁荣的行为，各国应通过立法加以防范，同时，各国还应互帮互助，共同战胜短期的国际收支逆差。”

从机构层面来讲，布雷顿森林体系催生了国际货币基金组织和世界银行，奠定了现代金融的基础，而这两个机构至今仍然由美国或西欧的指定人选管理。

值得注意的是，美国于1933年颁布的《1933年银行法案》（也称“格拉斯–斯蒂格尔法案”）中，设置了4条严格区分投资银行和商业银行业务的规定，这样就能防范因投资银行出现问题而引发的系统性风险。

一切都非常顺利，直到里根政府开始放宽对银行业的管制，之后比尔·克林顿政府又允许投资银行动用零售银行资金进行融资。2008年的次贷危机终结了这一切，数千亿美元被用来拯救像美国国际集团（AIG）、摩根大通和花旗银行等机构，这些钱全部来自美国的纳税人。“大而不倒”成了一句名言。

时任美联储主席的本·伯南克（Ben Bernanke）的学术研究课题就是1929年大萧条。他明白，如果放任美国银行违约，将会给实体经济带来致命打击。令人失望的是，2008年后，美国政府并不情愿让金融业逐渐回归理智和秩序。有人呼吁重新恢复《格拉斯–斯蒂格尔法案》。

自20世纪60年代起，美国就放宽或取消了一些本来可以保护金融业和国家经济的规则及法律。随着信息技术的发展，放宽限制的趋势愈演愈烈。30年前，大多数交易都要通过亲手操作，要使用电传机，还要处理很多文件，整个过程较为缓慢。今天，成千上万的交易在刹那间就可以完成。自动化和交易速度的提升使得利润增加，但同时也给银行带来了一个大问题，因为计算机是完全按照运算公式运作的，没有任何人为的参与。我认为这大大增加了交易风险。

不仅如此，金融机构还从信息技术和工程学院雇用了专业精英，致力于研发出比竞争对手更快更好的软件，进而创造了巨大的技术优势。

在金融领域，飞速发展的技术很快成为一辆失控的列车。由于资本主义体系具有高度竞争的特性，这些运算机器只会越来越先进。一旦有一个运算公式出现错误，在没有人为干预的情况下自由运算，后果会怎样？

瑞银集团在2008年损失了540亿美元，之后请瑞士央行进行干预，并将其10%的股权出售给新加坡政府投资公司。其原因究竟为何？显然，瑞银集团的董事会成员相信另一群人对该银行所面临的风险的评估，而这群人中有的比高级经理还年轻，对信息技术系统也有不同的理解。

另一个例子则来自法国兴业银行，一个交易员的失误造成了50亿欧元的损失。丑闻曝光后，公司首席执行官在法国电视台被问道：为什么没有预计到这件事的发生。该首席执行官表示，所有的管理措施都到位了。他打了个比方：警察会在高速公路的一侧安装测速雷达，同时警车上也会安装雷达。然而他们根本无法知道，有一辆时速200千米的宝马车竟然可以让迎面驶来的奔驰车挡住它，躲过雷达的探测！

由此看来，银行需要增加对管控系统的投资，同时让员工更了解高级信息技术工具和软件。

诺贝尔奖获得者

居里夫人、爱因斯坦、莱昂纳多·达·芬奇、伦勃朗、毕加索，无论是艺术、科学还是医药领域，总有一些才华洋溢、启人心智的人掀起一场场革命。就经济学而言，同样有一些先驱思想家在过去几年改变了金融界，并且给今天的投资者带来直接的启发。

今天这个极其复杂的金融市场凝聚了世界上最伟大的思想。

米尔顿·弗里德曼（Milton Friedman），1976年诺贝尔经济学奖得主

弗里德曼曾提出新自由主义，他的思想对20世纪80年代的里根总统和玛格丽特·撒切尔产生了巨大的影响。弗里德曼敢于挑战战后约翰·梅纳德·凯恩斯奠定的经济学正统理论，该理论认为，政府应该通过投资公共基金使经济走出低迷。

弗里德曼对此予以驳斥，他认为驱动经济周期的是货币数量。政府的角色仅限于“建立框架让个人能自由追逐其目标”。他支持小政府、低税收和市场机制。他的理论成为里根和撒切尔政府制定经济政策的哲学根基。1946~1976年，弗里德曼任教于芝加哥大学，成为由此得名的“芝加哥经济学派”的代表人物。

弗里德曼认为，由于美联储没有停止缩减1/3的货币供应量，所以1929年股市暴跌后大萧条持续的时间更长、影响更深远，并讽刺这是一场“大收缩”。1987年股市崩溃，其程度比1929年更为剧烈，美联储迅速采取行动增加货币供应，从而阻止其演变成一场全球性的经济衰退，弗里德曼的影响由此可见一斑。

几十年后，我们仍然能体会到诺贝尔奖获得者作品产生的影响。

对于20世纪下半叶的政治争论，弗里德曼和“芝加哥经济学派”的影响无疑比任何群体都要更深远，这一点从次贷危机的余波中仍然能有广泛的体会。

哈里 · 马科维茨（Harry Markowitz），1990年诺贝尔经济学奖得主

哈里 · 马科维茨在20世纪50年代的开创性研究奠定了现代财富管理的基础。

1952年以前，并没有系统性的方法来选择和分析投资的风险。经济学家很早就明白分散风险的意义，套用一句老话就是“不要把鸡蛋放在一个篮子里”。但是，当时还在芝加哥大学读书的马科维茨创建了一种数学方法来衡量各项资产之间的相对风险，从而在风险一定的情况下选择回报最高的投资组合。

同年，马科维茨加入了兰德（RAND）公司，在那里继续研究他的数学模型，并开发出一种确定最优投资组合的方法，他称之为边际运算法。这种方法的理论基础就是后来人们所说的“马科维茨有效边界”，也从此奠定了现代投资组合管理的开端。

威廉 · 夏普（William Sharpe），1990年诺贝尔经济学奖得主

毕业后不久的威廉·夏普于1956年加入了兰德公司，在那里他很快被马科维茨的理论所吸引，并且和马科维茨共同获得了诺贝尔奖。

两人紧密合作，一起分析和研究投资组合选择模型。20世纪60年代初，夏普最终通过一系列研究建立了资本资产定价模型。该模型可以用来确定承担更多风险所能带来的附加价值，从而计算投资的公允价值。

夏普还设计了一个简单的比率来描述经风险调整的收益率。图3–3中的共同基金情况说明书就展现了夏普比率，它是帮助投资者决定是否买入一项产品的重要参数。

- 最常用的衡量风险调整后收益率的指标就是夏普比率，它衡量的是每承担一单位的风险，会带来多少超额报酬。

R_p=投资组合报酬（共同基金）

R_f=无风险报酬（T单①）

σ_p=投资组合报酬的标准差

$$夏普比率=\frac{\overline{R_p}-\overline{R_f}}{\sigma_p}$$

夏普比率越高，说明在追求更大报酬时愿意承受更大的风险。同时具有高回报和低夏普比率的基金对投资者来说是最有吸引力的。

① T单，即T–Bil，是美国政府发行的短期债务证券。——编者注

Wind資訊　**嘉实沪深300ETF 159919**

市场综合评级	单位净值	日期
-	3.7333	2015-03-12

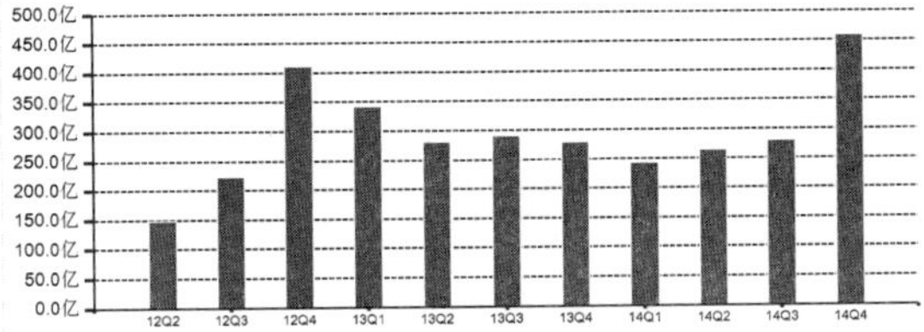

基金经理变更　历任基金经理数：2　人均任职年限：1.78

基金经理	任职日期	离职日期	任职总回报	任职年化回报	同类排名	超越基准回报
杨宇	2012-05-07	-	42.69%	13.29%	58/132	12.91%
张宏民	2012-05-07	2013-01-25	-1.74%	-2.41%	34/132	3.57%

风险分析(1年)

低　中　高

在最近1年里，该基金的下行风险为8.0899，小于同类平均；收益标准差……同类平均；综合该基金的下行……基金中的排名，该基金过去……

Beta
Sharpe
收益标准差

	基金	同类
Alpha	0.0005	0.0022
Beta	0.9884	0.5464
Sharpe	18.2869	17.6945
收益标准差	0.0284	0.0249
下行风险	8.0899	9.0161
最低单月回报	70.02%	43.18%

分析评论

嘉实沪深300ETF从2012年05月07日成立以来，已取得42.69%的收益，高于同类平均水平，同类排名暂无，期间资产净值没有变化。

从各区间表现看，该基金今年以来表现较差，收益率为1.40%，同类排名为168/239；1年收益率为73.00%，同类排名为36/205；3年收益暂无，同类排名暂无；5年收益暂无，同类排名暂无。

从风险控制角度看，该基金短期风险中等。

资产配置（2014-12-31）

名称	占比	较上期
股票	99.76%	0.03%↑
现金	0.35%	0.02%↑
其他资产	0.00%	-0.01%↓

重仓债券（-）

证券名称	占净值比	近3月涨跌
合计	0.00%	-

行业配置（2014-12-31）

行业名称	占净值比	较上期
金融业	39.80%	7.65%↑
制造业	30.17%	-6.37%↓
建筑业	4.65%	1.25%↑
房地产业	4.58%	0.11%↑
采矿业	4.39%	-1.29%↓
电力、热力、燃气及水生产和供应业	3.64%	-0.21%↓

重仓股票（2014-12-31）

证券名称	占净值比	近3月涨跌
中国平安	4.26%↑	20.55%
民生银行	3.51%↑	12.17%
招商银行	3.25%↑	8.77%
中信证券	3.18%↑	10.72%
海通证券	2.32%↑	4.23%
兴业银行	2.24%↑	21.82%
浦发银行	2.09%↑	16.49%

图 3–3　共同基金的风险投资协议样本

资料来源：Wind资讯。

罗伯特·C·莫顿（Robert C. Merton）和迈伦·斯科尔斯（Myron Scholes），1997 年诺贝尔经济学奖得主

费希尔·布莱克（Fischer Black）和罗伯特·C·莫顿以及迈伦·斯科尔斯共同完成了关于期权定价的创新之作，在他去世两年后，其他两位作者共同获得了诺贝尔奖。讽刺的是，就在摘得桂冠的第二年，莫顿和斯科尔斯帮助成立的对冲基金——长期资本管理公司——倒闭，由此引发的轩然大波让他们为更多世人所知晓。

诺贝尔奖委员会在 1997 年的颁奖仪式上是这样描述的："在过去的 25 年中，有许多对经济学的卓越贡献，其中最突出的就是确定衍生品价值的新方法。他们的方法为许多领域的经济估值奠定了基础，并且催生了很多新型的金融工具，使当今社会的风险管理更有效。"

莫顿很早就开始将他的理论设想应用于市场。1968 年，他加入了套利管理公司（Arbitrage Management Company），哈里·马科维茨是当时的首席执行官。套利管理公司是第一个主要借助计算机程序进行套利交易的对冲基金公司，这种交易也就是长期资本管理公司所采取的模式的前身。斯科尔斯投身市场则要晚得多，他 1990 年才进入所罗门兄弟公司。4 年后，他和莫顿以及具有传奇色彩的所罗门套利投资部门负责人约

翰·麦瑞威瑟共同创建了长期资本管理公司。

于 1973 年发表的布莱克–斯科尔斯公式目前仍然被世人用来为股票期权估值，而莫顿的成果则被推广应用到其他工具和领域中。这三位经济学家提供的理论框架，使得今天全球价值数万亿美元的衍生品市场取得爆炸式的增长。

$$C = SN(d_1) - N(d_2)Ke^{-rt}$$

$$d_1 = \frac{\ln\left(\frac{S}{K}\right) + \left(r + \frac{S^2}{2}\right)t}{\sqrt[s]{t}}$$

$$d_2 = d_1 - \sqrt[s]{t}$$

其中，

C= 期权初始价格

S= 股票现价

t= 期权有效期

K= 期权执行价格

r= 无风险利率

N= 累计正态分布

e= 指数值

s= 标准差

ln= 自然幂

简单来说，这个公式有五个主要部分：时间、股价、波动性、无风险利率以及股票收益的标准偏差。

之所以谈到这个公式，不是为了让投资者都变成数学家。实际上，绝大多数交易员和财富管理专业人士都不需要知道投资策略背后的数学原理：现在有很多免费的期权在线计算器，你只要输入这 5 个变量就可以了。在此，我只是想说明衍生品只是加入了历史数据（股票投资报酬的标准偏差）、时间、目前市场或股价的波动以及无风险利率（通常是美联储的现金利率）等因素的最简单的股票投资的一种延伸，没有什么神奇之处。只有使用概率和历史数据才能帮助防止我们犯那些在过去经常以相同模式反复出现的错误。

通过投资来更好地理解经济理论和模型，从而增加我们实现财务目标的概率。

丹尼尔·卡尼曼（Daniel Kahneman），2002 年诺贝尔经济学奖得主

丹尼尔·卡尼曼的职业生涯开始于 1961 年，当时他在耶路撒冷的希伯来大学教授心理学，也正是因为将行为科学理论运用在决策领域，他获得了 2002 年的诺贝尔经济学奖。

20 世纪 60 年代中期，丹尼尔转入哈佛大学，从此开始了与阿莫斯·特沃斯基（Amos Tversky）的长期合作。两人在 1979 年提出了“预期理论”，为研究人类在不确定情形下的判断和决策奠定了基础，同时也成为行为经济学这一学科的重要成果。

今天，在很多机场的书店你都能看到丹尼尔·卡尼曼的著作《思考，快与慢》（*Thinking, Fast and Slow*）①。我们将会在本书第五章中探讨这个例子。

通过简要介绍上述诺贝尔奖得主以及他们的研究，我们能得到什么启示？为什么这些启示对投资者很重要？

金融模型发展最快的时期大多是在 20 世纪 50~70 年代，做出贡献的个人来自各个领域，包括数学、物理学、经济学、金融学、心理学和计算机科学等。现代金融是一个相当开放的领域，代表着社会的自由程度，也体现了我们居住的这个地球

① 《思考，快与慢》中文版已由中信出版社于 2012 年 7 月出版。——编者注

村越来越多样化。

如果没有计算速度和数量的极大飞跃，现代金融模型不可能得到如此广泛的应用。计算机使我们创造的模型越来越接近实际生活，也使这些模型得以扩展到更广阔的市场领域。这种趋势还将持续下去。

除了上述领域，生物学或天体物理学等学科的发展也会影响金融市场，在过去的60年间就是如此。和许多学科一样，金融学在预测事件或趋势的能力方面还处于初级水平。人们还会发现新的金融模型。2008年的经验将会让人们更好地预测到某些风险。而投资者面临的环境只会更加复杂。

如今，很多广为使用的金融模型都来自美国的大学和公司。尽管如此，我们还是可以期待中国和印度等大国研究出适合本土文化和经济体系的模型。世界各国的经济体系正朝着一个方向发展，互相不断整合，但是由于各国的历史、社会结构和精神信仰各不相同，我们不能期待政治体系也出现类似的融合。

这些模型的变体已经被用于为政府、大企业和机构客户构建价值数万亿美元的金融工具。尽管媒体很少提及，但这些模型确实为2008年之前持续的牛市做出了贡献。它们支持了很多私募基金交易和首次公开募股，为实体经济注入了资金，资助了全球许多的机场和其他大型基础设施建设项目。这些模型帮助催生了新一批的高净值资产个人和家庭，也为许多领域的专家和顾问创造了就业机会，这些领域包括银行业、法律和审计，以及台前幕后无数的服务领域。

财富管理业的所有产品、策略和体系都或多或少和上述模型有关。金融学学生在拿到他们的毕业文凭时，无论他们是成为银行家、咨询顾问还是投资经理，都会知道这些理论。布莱克-斯科尔斯公式仍然是衍生品定价的标准，共同基金的情况说明书在说明相关风险时也总会提到夏普比率。

除了依靠直觉或商业头脑，或相信理财顾问，投资者还要超越这个层面，达到金融“专家”的水平，从而避免在不利条件下造成资金流失。从银行到机构客户，再到家族办公室，整个链条中的市场参与者都投入了相当多的人力物力来限制投资组合中的风险。个人投资者是不是也应该谨慎行事呢？

在我们的生活中，运气自然很重要，要在股市中获利也是如此。然而，作为一个中国人，我的岳父曾经告诉我，投资就是做生意。他的工作就是确保当运气降临时，他能够获得利润，同时将损失降到最低。

这就是赚钱的基本原则之一。在正常的环境下，当市场上涨时，你不用多想就可以获利。真正的考验是，你是否做好准备应对市场调整或未知事件？你是否通过支付期权费行使了期权，从而为不利因素设定一个上限？或者用关联性较低的资产来分散投资风险？

G.R.I.D.S.框架通过抓住市场机遇，同时将潜在投资损失降至最低，帮助投资者实现高投资回报率。

面对各种令人迷惑的信息和选择，我们有必要利用框架来排除干扰，使自己处在正确的道路上。

G.R.I.D.S.

第四章

分散化
和对冲

“声不过五，五声之变，不可胜听也。”

——孙子，中国兵圣

（约活动于公元前6世纪至前5世纪初）

*

D（分散化）能够加强投资组合应对市场震荡的内在力量和复原力。在G.R.I.D.S.框架中，我们通过以下几种方式来实现分散化，并持续加以改进：

- 理解真正的分散化不只是持有不同类型的资产。
- 有节制地、理性地应用我们谈到的原则建立投资组合，而不是只凭情绪或肤浅的思考。
- 意识到风险是一个变量，通过调整投资方法来适应快速变化的市场环境。

*

在 2008 年经济危机发生的前几年，一些亚洲的私人银行向客户推销“单一产品”理财战略，其中一个就是投资哈萨克斯坦和俄罗斯的债券。

债券利率当时已达到 8%~10%（甚至更高），而客户最高可以拿到 90%的贷款，进一步提高了债券利率。一些银行甚至为客户出钱，让他们参加“投资旅行”，亲自去哈萨克斯坦或俄罗斯领略当地经济的繁荣。旅行回来的投资者会说：“哦，我去过那儿，那里的经济增长相当快，非常好。投资它们的石油不可能出问题。”

但恰恰问题出现了。2008 年大部分债务违约，许多人的资产灰飞烟灭，其他人的资产也贬值近 80%。杠杆比率达到了 90%，如果你不能及时用现金填补贷款仓位的话，你的资本就会消失殆尽。这种现象被称为“剪刀效应”，投资者的资产价值在交易的过程中迅速发生偏离。发生这种情况时，那些以前看似便宜的贷款会在突然间变得高不可攀，同时债券价格暴跌。我们用一个简单的例子来说明“剪刀效应”。对于一个依靠粮食出口来获得进口石油的国家，如果粮食价格下跌，对该国产生的影响不言而喻。

即使是这样，还是有人会冒着陷入这种困境的风险进入投资市场。用这种策略来建立10%~20%的投资产品尚且可以，但如果你只有这一种产品，那后果将会是灾难性的。

分散化是G.R.I.D.S.框架的重要组成部分，这里讲述的是其最广义的内涵，也包括缓解风险的对冲投资工具。

分散风险的含义不仅是“不要把鸡蛋放在同一个篮子里”。事实上，仅仅持有多样化的投资组合（甚至是由很多不同的资产种类构成的投资组合）并不是真正的分散风险。因为这样有可能导致正相关资产过于集中，从而带来严重的负面影响。比起持有100家相似公司的股票，你应该选择几种负相关或相关程度较低的资产，这样分散资金反而更安全（我们稍后会详细介绍）。

我们的主要策略和目标是构建分散风险的投资组合，这种投资组合较少受到市场波动的影响，而且能够承受负面市场环境的冲击。通过评估由不同参数和类型的资产组成的投资组合的相关性风险，利用复杂的对冲策略，就可以实现风险分散的目的。

许多私人投资者也是企业家，下面我们就来看一下风险分散对于企业的意义。下文摘自BusinessDictionary.com网站：

> “一个公司会进入不同于其核心业务的产业或市场。之所以采取这种分散化的做法，原因是：(1) 降低对单一或少数收入来源的依赖性；(2) 通过提供需求周期不同的产品或服务，避免受到周期性或季节性波动的影响；(3) 实现更高的增长率；(4) 通过涉足竞争对手的核心产业或市场来制约对手。分散化又称市场分散化，和垂直一体化不同，它并不会巩固一个公司的市场地位或增强其垄断力量。”

这个定义适用于公司，但它也可以用来解释为什么仅仅持有很多种股票是不够的。正如前文谈到的，在很多因素中，G.R.I.D.S.特别要求保管人和资产类型分散化。投资者必须从经济周期和当前时期中寻求分散化。对公司来说，这也许意味着为促进淡季销售而发布新产品。例如，一家主要生产圣诞节用品的公司也可以开发万圣节和暑假用的商品，或者通过尝试新思路、满足“品牌狂”的需求等，保证全年的利润。

在金融领域，分散化通常指一种降低风险的策略，指的是通过投资价格不受彼此影响的不同资产来进行资产配置。对冲的目的也类似，但更依赖负相关资产，或者对同一资产进行反向的布仓。

和自然一样，投资中的分散化程度越高，财富的增长就更健康。

分散化

保管人的分散化

第一章谈到，首要的分散化需求与外部相关。投资人应该将个人资产分散在不同的托管银行进行保管，以免在出现极端事件时陷入被动。随着亚洲机构逐渐发展到西方私人银行的水平，客户可以将资产委托给不同地域的托管人，这样当一个地区出现危机时，其他地区的资产未必会受影响。这也是一种明智的做法。20 世纪 80 年代，在日本经济尚未被通货紧缩拖垮之前，日本银行几乎要占领全球市场。被视为保守和稳健象征的欧洲和瑞士银行则在 2008 年陷入危机。中国的银行现在跻身世界最大的银行。银行业版图一直在改变，投资者要保持警觉，同时分散风险。

托管人多样化也许是一个创新，但请记住，2008 年的某一个时刻，花旗银行、美林公司和贝尔斯通等大银行都曾濒临破产边缘。由于全球金融体系的关联程度极高，它们的破产很可能会导致多米诺效应。现在已经很难判断哪些银行会生存下去。比较可能的是，亚洲银行大体处于优势地位，那些位于相对独立于全球市场的地区的银行也是如此。随之而来的问题就是：如果世界银行和金融体系彻底一体化的话，一旦未来出现危机，最后一道防线将会在哪里？

第二个需要进行分化的外部因素就是投资顾问，投资顾问可以是来自银行内部的客户关系经理，也可以是独立顾问。客户需要找到最佳组合，使这些顾问的技能、行为和天赋方面能互为补充。他们的专长也许都是衍生品或共同基金，但其中一些顾问应该较为保守，而另一些则要更加敢于冒险。

这种方式的一大难点是，大多数客户没有工具来统筹由不同银行独立管理的投资组合。他们绝大多数都忙于事业，也不可能让员工（或者是自己的家庭）来帮他们管理，因为他们并不希望公开财富状况。

以我的经验来看，无法进行统筹评估对投资者的财富来说是最大的风险。尽管已经遭受了很多损失和挫折，但很多私人投资者仍然会忽略这个问题。

最佳的解决办法就是雇用独立的金融顾问或家族办公室，以中立的角度审视财富管理，并定期评估所有投资组合当中的风险和收益。

投资组合分散化

基本资产

2008 年的经济危机让许多私人银行客户都遭受了巨额损失，因为他们的投资过于集中，产品、地域和行业都相似，或者他们根本不知道面临的风险也是相似的。不要过于集中在某一项投资上，这样才能降低总体风险。

通常，投资者对分散化的理解仅限于资产类型。但实际情况要复杂得多，时间和经济周期都要考虑在内。我们可以检视不同资产或资产类型之间的相关性，或者努力降低过于集中的资产相关性（我们在谈到对冲的时候会详细解释）。

经济周期和时间

并非所有国家和公司都被2008年的危机所影响。菲律宾、尼日利亚和加拿大的经济增长依然强劲，而欧洲国家则身陷银行业危机和巨额公共债务。苹果和三星的股价很快反弹，随着全球对智能手机需求的激增，这两家公司会持续保持上升势头。富裕国家在2008年后经历了经济下行，随着全球化加深和发展中经济体新消费群体的出现，人们能够借此机会确定哪些产品和品牌能保护他们免受经济下行的困扰。投资者应该督促他们的顾问发现新趋势和投资“金矿”，这样不但能促进投资组合收益的增长，还能减少当今的实体经济带来的风险。

投资者还可以通过持有到期日不同的债券，购买不同成长阶段或投资周期的股票，或是执行日不同的衍生品，来减少时间带给他们的风险。

整体财富的分散化

对于大多数富裕的投资者来说，他们的居住地往往只在一个国家，那里集中了他们的主要业务、继承的房地产和土地，还有部分流动资产。如今，许多人还有海外房产，有时甚至持有其他国家的居住证。

分散主要居住地的风险也很重要。法律法规总是在变化。有时政治体系或经济环境会发生翻天覆地的变化，几十年的辛苦工作毁于一旦。投资者必须将他们在本国的潜在风险加以平衡。必须通过一些方式分散流动财富的风险，比如持有外币，或将其分散至其他国家、行业或企业。投资者应当考虑纽约和伦敦市场上的豪宅，这些豪宅还将继续受到青睐。尽管有可能出台监管措施和高额的房产税，新兴国家的豪宅市场有时也是极好的投资选择。

投资私募股权也是富有客户分散企业风险的上佳之选，他们可以投资其他公司的一小部分股权，期待公司日后进行首次公开募股，或者被收购。

最后，在贵金属价格下跌时，还可以考虑持有实体的贵金属，这样在市场动荡时依然可以获利。在战争或危机期间，投资者的第一反应往往就是买黄金来避险。

对冲

用衍生品和期货对冲

介绍到这里，想必读者已经达成共识：投资组合的保值和升值一样重要。我们已经谈到了分散化。对冲又能给风险管理带来什么样的影响呢？

对冲就好比保险。为你的汽车买一份保险并不能保证你不会撞车，但它能负担维修的费用——通常不包括那些和保险公司一致同意免责的部分。不管是对冲还是保险，你都要交一定的费用来缓解负面事件的影响。

现代对冲通常采用衍生品，当中最常见的就是期权和期货，我们在第三章已经介绍过了。我们不需要详细了解细节，只需要知道其交易策略是用衍生品的收益来抵消一项投资带来的损失。

假设你拥有汇丰银行的股票。虽然相信该银行的长期前景，但你对美国整个金融业的一些短期波动感到担忧。为了保护自己不受汇丰银行股票下跌的影响，你可以购买看跌期权，这样你就有权以特定价格出售该银行的股票，这个价格称为“行使价”。如果该银行的股价跌破行使价，你的损失就可以被看跌期权的收益所补偿。

你也可以通过投资负相关资产来对冲一项投资的风险。这里有一条基本规则：完美的对冲意味着当一项投资的价格升高时，另一项投资的价格出现等量下跌。对冲是以牺牲潜在收益为代价降低风险的一种方式。

对冲是为了弥补因不确定性所付出的成本。我们把对冲比喻为保险，但应该强调的是，保险更加精确。投保后你的损失能够全部得到赔偿（除了我们提到的免责部分），但投资组合当中的对冲则不是完美的，有时还会出现错误。

风险是投资中一个必不可少却又充满不确定性的因素。你是否决定开始练习操作一些复杂的衍生品，学习如何对冲了呢？这会增进你对市场的理解，让你成为一个更好的投资者。

正相关对冲策略

另一种对冲方法是基于1992年诺贝尔经济学奖得主马科维茨的有效边界模型，我们之前曾探讨过。

还是要强调，所有这些金融模型都不难理解。我们不需要精通数学，只要掌握基本的原理即可。核心是投资者不应该只选择投资自己擅长的领域。关键还要判断它们的价格相对于投资组合中其他资产的变化情况。

例如，汽车股提供的潜在回报基本相似，但是往往会根据消费者心理的变化而涨跌。同时购买潜在回报相似、价格走势可能相反的资产，这样就能降低资产组合整体的波动性，让更多有风险的单项证券获得更多的投资，实现更高的收益。（图4–1显示了负相关证券对平均回报率的影响。）我们的目标是设计一种投资组合，让投资者在能承受的风险范围内获得最大收益。

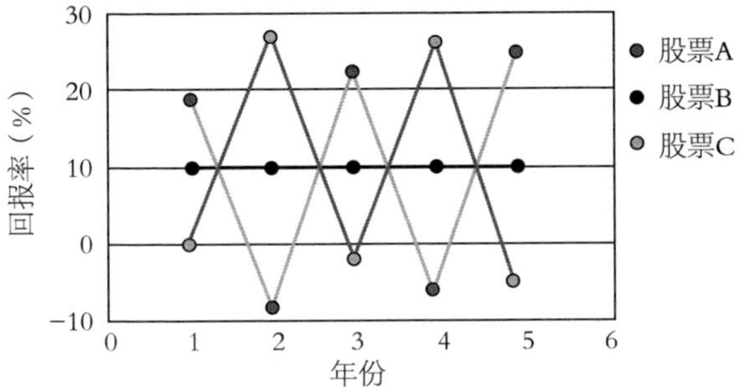

图 4–1　完美的负相关投资

由此，我们可以建立一个相关性矩阵。利用历史数据，我们可以判断两项相关资产的价格走势，并用一个数字来代表它们的相关程度。当它们的价格发生正向联动时，相关数字为 1。当他们的价格走势完全相反时，这一数字为–1。数字为 0 则代表没有相关关系，也就是说，它们的价格走势从来没有任何关系。

这些数字构成了矩阵的基础，让你了解一组资产是如何彼此相关的，从而帮你选出最适合的组合。在进行资产配置时，你要先将选择范围拓宽，尝试多种排列组合，最好从较宽泛的资产类型开始，比如债券、股票、商品等，然后再进行细化，根据目标收益率来选择单项的投资。

在多样化的资产配置中，不可避免地会有正相关资产和负相关资产，其相关性大多聚集在 0 左右。实际上，除了合成衍生产品，与其他资产完全负相关的资产几乎不存在，但利用这些衍生产品会产生昂贵的费用。

我们可以做的是在资产配置中增加相关性较低（或偏向负相关）的资产，这对于优化业绩、尽可能降低风险尤为关键。即使只增加一项与其他配置负相关程度很高的资产，也能在市场下行时提供一些保护。根据相关性来衡量资产配置能帮助我们达到最大程度的分散化。

必须铭记的是，相关性总是在变化的。从全球范围来看，资产和资产类型之间的相关性在上升。一个因素就是全球化以及市场的互联性程度加深：和 20 年前相比，如今华尔街的股市下跌更有可能引发香港、曼谷或孟买第二天的股市下滑。另一个近期出现的原因就是金融危机：在危机时期，投资者可能会大量抛售持有的股票，转向仅有的几种避险资产。即使 2008 年的危机根源于美国的过度借债，投资者仍然抛售了基本面强劲的新兴市场证券，转而持有美元和美国国债。当许多投资者采取相似的分散化策略时，问题就更复杂了。随着风险的蔓延，一项投资组合的瓦解会导致其他资产的崩盘。

在这方面，关键因素是速度，以及申报头寸[①]的实时程度。由于信贷部门要依靠来自银行的报表，而私人银行在这方面的速度又较慢，所以当客户要求增持资产或降低损失的时候，通常会有 12~18 小时的延误。对于高端客户来说，让独立金融顾

① 头寸：指投资者拥有或借用的资金数量。——编者注

问使用正确的工具来提供及时、完整的来自不同托管人的投资组合信息是必需的。

金融不应该被过度简化。只要有一点儿好奇心和务实的心态，投资者就能培养出一种感觉，体会到如何运用市场上不同的工具来实现风险/回报目标。

私人银行业的关键是理解客户的需求，提出实现理财目标的解决方案。你有无限的选择来满足风险与回报的需求，这就是金融之美。没有单一、理想化的路径，正确的方法应该是在众多选择中精挑细选，同时保持开放的心态、谦虚的态度和对环境变化的敏感。

G.R.I.D.S.

第五章

精细化

“我就知道两种对冲方式，一是现金，二是知识。”

——布鲁斯·伯克维茨，美国明星投资人

（生于 1958 年）

*

S是建立G.R.I.D.S.模型的最后一步，S指精细化，它能够提升投资组合的管理水平，并且：

- 使你能够在过剩的信息流中找到真正有用的信息。
- 让你有信心不从众，以谦虚开放的心态进行投资决策。
- 将世界视为一个由历史、社会和行为等关联因素形成的复杂矩阵。

*

在我的职业生涯中，有这样一件事给了我很大的启示：当时一个客户损失了5千万美元，他持有的日元衍生品头寸在亚洲金融危机中消失殆尽。

虽然这个客户在看似精细的金融工具上重仓投资，但实际上，他的整体资产配置并没有精细化：没有对冲，没有适当地分散风险来防范如此重大的损失。这么多年过后，我仍然不理解该客户为什么明知这么大比例的资产组合存在全盘下跌的风险，却还要像保险公司一样累积溢价。

我们无法计算市场时机。如果有人说他可以，那他要么是骗子，要么就是蠢材。即使是简单的走势变动都极难预测。

一个比较好的解决办法是建立分散的投资组合，使其对市场涨跌保持中性，并弱化负面因素的影响。要实现这一点，就要评估不同参数和资产类型间的组合相关性风险，并利用精细化的对冲技巧。通常使用这些工具的是对冲基金公司，但个人客户也是可以做到的。

更重要的是，个人客户不会像大多数对冲基金公司那样出现流动性问题——发生金融危机或者一个核心经理逃之夭夭时，投资者的基金会被套牢，需要一直等到下一个交割日才能出手，而这个交割日往往是一个季度中的指定日期。

在委托管理的资产组合中，缺乏精细化还会导致业绩和预期不相符。这些业绩大多数都有衡量的基准。对于以股权为主的投资组合，该投资组合经理往往会以标准普尔 500 指数基金为标杆，努力超越其业绩。如果标普指数上涨 10%，而投资组合上涨 12%，那么这位经理的表现就很优异。如果标普指数下跌 40%，而投资组合下跌 30%，按衡量基准来说，他的表现也不错，客户应该感到满意。但依据我的经验，情况根本不是这样。

有一种更好的方式来使用委托服务，那就是建立以绝对回报率衡量业绩的投资组合。与对冲基金力求实现的目标相似，其宗旨是在实现特定收益率的同时将风险最小化，例如实现 Libor+6% 的收益率。很少有银行提供此类服务，这些银行要求经理通过月度总结和季度会议来评估情况，还可能要求修正投资组合策略和原则。这比标杆制度更加精细化，对客户也更有意义。

图 5–1 是我们在第三章谈到过的钟形曲线，它反映了三种

投资想要实现的目标，这三种投资分别是对冲基金、基于绝对回报率的委托投资组合和对冲风险后的顾问投资组合。它们力求限制负面因素，并建立了偏态曲线，其中的大多数事件会给投资者带来正回报。下跌的风险依然存在，但从 50% 的随机概率降到了 20% 或 15%（根据所采取的策略和市场情况，这个数字会在 10%~40% 之间浮动）。

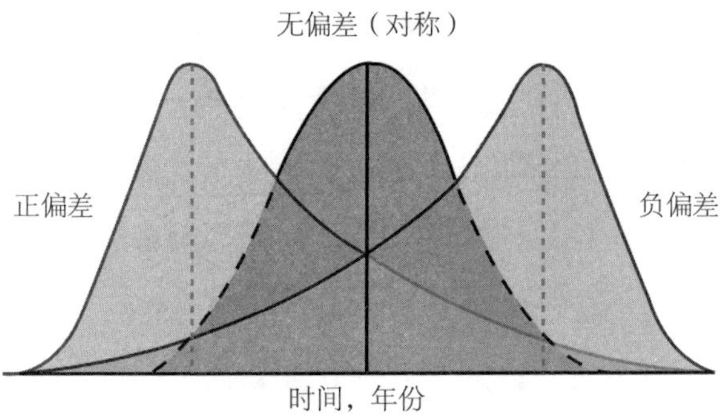

图 5–1　钟形曲线—正态分布图

通过从可获得的产品中进行选择，在资产类型、不同的期限和经济周期等方面，都能实现更大程度的分散化。

终有一天，监管者会要求银行为客户评估风险时考虑这些因素。这种精细化应该受到客户的欢迎。要实现精细化，投资者就需要得到更好的培训，投资顾问也应该提高自己的资质，而不是单纯的以销售为中心，此外还要有更完善的监管。

精细化和信息流

我们往往会接受别人希望我们相信的东西。在 2008 年经济危机前，媒体、金融界以及公众都把瑞银集团、美国国际集团等银行视为最安全的投资对象。几乎没人注意到，瑞银集团的投资银行部门也涉足了次贷；而同时，美国国际集团也投资了同样的金融工具。只有极少数华尔街的专家预测到了这些“坚如磐石”的机构在危机期间会轰然倒塌。

听银行及其分析师或评论员在媒体上发表的言论，你会觉得他们看事情往往目光短浅。政治问题、历史和地缘问题极少被提及，然而正是这些因素在塑造着这个世界。

回顾上一个时代，因为媒体管控，人们并非总能得到充分的信息，而且更多关注的是周边环境。如今则是信息过剩的时代，对于任何人和事，都能听到各种不同的声音。人们要经过一番努力才能处理信息，获得做决策所需的实质内容和启发。

在《股票投资的大智慧》（*Investing: The Last Liberal Art*）一书中，作者罗伯特·哈格斯特罗姆（Robert Hagstrom）引用了纽约附近的圣约翰学院的例子，这所学院的课程强调哲学、伟大的著作和思想，学生们在那里会学习如何讨论和展示他们的意见。许多学生最终进入华尔街，成为共同基金和银行的决策人。他们学到的是从纷繁复杂的信息中提炼出实质内容，这让他们对世界大事有了更深层的理解。学校的理念是培养学生的怀疑精神，拓宽他们的思维，从而避免或缓解塔勒布在《黑天鹅》中谈到的普遍模式的问题。通过学习哲学、心理学、物理学、生物学、社会学和文学，他们处理不确定性问题的能力得到了发展。学生们利用新的参数来评估几世纪以来人类的发展、结构化思维和行为模式。

关键是获得一种“世俗的智慧”，这个词是沃伦·巴菲特在伯克希尔·哈撒韦公司的长期合作人查利·芒格（Charlie Munger）提出的。哈格斯特罗姆写道：“大家都认为，经过这么多年，我们的知识量增加了，但真正的智慧却丢失了。”能够把各种基本概念融合在一起，从而加强每个因子的真实性是一种能力。

获得财富、降低风险和建立遗产框架，G.R.I.D.S.模型将这几个核心概念按特定顺序集中在一起，进一步强化他们自身的特质。

执教于耶鲁大学的法国数学家、分形几何之父本华·曼德博（Benoit Mandelbrot）曾说过：“如果我们不能准确地描述一种现象，那我们肯定无法准确地解释它。”

如果我们不能理解2008年经济危机，不能准确地描述这一事件，我们也就不可能给出解释。由于原因错综复杂，要全面理解这次危机十分困难：政府监管和执行不力，银行的贪婪和盲目将整个世界推向灾难边缘，投资者的贪婪和盲从使他们成了任人宰割的羔羊。

我们主要的信息来源有哪些？

政府和中央银行：在当今世界，经济是由消费驱动的，这和过去凯恩斯式的政策完全不同，那时政府通过公共支出投资项目来刺激经济。如今，政府和央行的主要职责是恢复和保持公众对于经济和金融市场的信心。当人们接收到负面消息时，他们会停止投资，选择储蓄。对此，西方国家最常用的策略之一就是保持低利率，充分释放经济流动性，让市场保持强劲势头，让人们能获得更低价的按揭来购买房产。即便如此，看到失业率居高不下，向银行借贷也越来越难，普通民众仍然能感觉到危机。

媒体：究其根本，记者、评论员和分析师是由短期利益驱动的。他们需要爆炸性新闻、轰动效应甚至丑闻，这样才能赢得市场，吸引大企业投放广告。一些大型媒体被特权阶级所掌控，各大网站会受到政治说客的影响。偏见无所不在。最终，我们是否可以公平地说，新闻自由只是一种理想，并不是现实?

媒体还会引发市场动荡。通信技术和社会网络越来越发达，我们可以瞬间就了解到世界大事，金融市场也因此会瞬间做出反应。对客户来说，信息渠道至关重要。客户总是消费灵通，问题在于投资顾问如何辨别信息的真假，又如何寻找能够帮助决策的有效信息。

公司利益：季度业绩披露不仅会影响到公司能否以较低利率为债务融资，还会对其股价走势和品牌造成影响。公司雇用了大批的媒体顾问、游说人员和公关机构，专门用来强调公司实力以及尽可能消除负面消息。金融机构的分析师在其报告中也会帮部分公司说好话，因为这些公司是其雇主的客户。那些评级机构会给一些次级贷款AAA评级，正是因为这样的原因。评级机构大多为私人经营，他们的主要客户就是银行和跨国公司。它们之间存在利益冲突。然而，2008 年之后，除了金融行业的免责声明如雨后春笋般涌出，一切依然照旧。

私人银行及其客户又如何呢？假设一家银行的首席经济学家预测到了 2008 年的金融危机，因为他比同业者领先一步，知道了次级贷款的风险。现在，假设他提出将投资变现，以避免市场调整的风险，并且能够在危机过后重仓投资。银行会告诉客户出售所有的证券吗？银行需要客户的投资来产生利润，这样他们的交易员和投资组合经理才有事可做。银行会敦促其销售团队美化季度业绩，虽然这种做法并不符合客户的利益。

在一个复杂微妙、不断变化的矩阵当中，金融只是一个元素。最终，真理究竟能不能得到解释？我们要做的是保持怀疑，吸取教训和观察变化。机会往往就是这样出现的。

精细化、继承和遗产管理

私人银行最有趣的一个角色是继承规划。这个角色触及了人的生命，而且需要管理一个家庭最深层的秘密。这个问题不能简单地一概而论，也没有现成的解决办法，需要根据每个家庭的情况制订具体的解决方案。要实现这一目标需要客户的信任，而建立这种信任往往需要花几年的时间。

当富人找到私人银行或金融中介时，他们最优先考虑的是资产保值。作为留给子女的遗产，这部分资金不应被动用。他们考虑的是未来，一旦出现影响健康的严重事件，他们的投资会受到怎样的影响。

我们假设一个客户现在50岁，其资产超过1亿美元，他拥有一家大企业和一架私人直升机。和许多开公司的人一样，他每天辛勤工作，并且能够掌控自身所处的环境。这样的人已经可以高枕无忧了，对吗？

但是，如果他的私人飞机失事，会有怎样的后果呢？他会失去一切，除非他能提前做好安排。

假设他的子女刚刚从高中或大学毕业，或者正准备结婚。如果他们一觉醒来，发现收到一张 5 000 万美元的支票，那会是怎样的情景？这种预言很有可能成真。他们需要学会如何与银行家以及律师打交道，以及如何发展本书中探讨的这些技巧和理解力。我们再来看看这位客户的遗孀。她会再次结婚吗？如果是的话，情况会怎样呢？

这位客户可以设立遗产信托基金，由他的妻子继承一部分财产，其余部分则由子女共同继承。他可以选定一个投资顾问来保护其子女的利益，直到他们长到一定的年龄，这一年龄由客户决定。这样做的目的是防止其妻子一旦再婚后遗产落入第三方。

亚洲的家庭结构和西方国家也有很大差异。在欧洲或美国，你对兄弟姐妹不用承担任何义务。你可以选择帮助他们，而他们不会把你的帮助视为理所当然。在中国的家庭中，兄弟姐妹互帮友爱是人之常情。

许多中国家庭在父母去世后并不分家产。他们会成立一个专门的基金，由家庭委员会来决定如何投资和支付费用——通常用于教育、医疗和其他特定用途。这样的安排有助于一些家庭保持正常的生活，继续平常的工作，避免因为突然继承一大笔遗产而产生各种问题。过多的意外之财往往是祸根。

监管：对客户的保护和制约

加大金融监管力度的主要驱动因素之一是打击恐怖主义融资和毒品洗钱，这些黑钱仍然流窜于房地产、艺术品拍卖和证券投资等市场。2008 年金融危机的余波还凸显了西方国家急需解决的逃税问题，为此，瑞士不得不放弃银行保密制度。

在现代监管体系下，市场参与者要接受更多的培训，履行监管报告的义务，还要遵守一系列境内外银行业通行的规则。他们需要了解客户，包括了解客户背景及其资金来源是否正当；还需要知道产品的针对性，根据客户不同的风险承受能力、年龄阶段以及对金融投资活动的熟悉程度，向客户推荐具有针对性的产品。市场参与者还需要有适当的资质认证，包括最低资本金、必须参加的考试以及需要通过的“适当人选”测验。一旦获得认证，就需要公布月度财务报告，随时准备接受监管审计，不断提高合规性、增加风险协议以及满足其他各项要求。

客户比以往任何时候都需要得到更好的保护。但是，有一个薄弱点：客户、理财顾问和托管人之间至少需要一定的信任。

英国历史学家尼尔·弗格森（Niall Ferguson）在其著作

《西方的衰落》（*The Great Degeneration*）[①]中明确指出问题所在：

“正如亚当 · 斯密所说，当‘法律和制度’退化到由精英寻租控制经济和政治过程时，这个国家就进入了停滞状态。我一直在努力提醒大家，今天的西方世界有很多重要的领域就处于停滞状态。年老者依靠公共债务生活——无论是显性的还是隐性的，这都牺牲了年轻人或未出世的孩子的利益。监管失灵，致使整个体系越来越脆弱。律师在一个动态的社会中本来可以成为革命中坚，但在一个停滞的社会中，他们却成了权贵的附庸。在公司利益和强势政府的夹缝中，公民社会成了无人之地。把这些现象结合在一起，就是我所说的西方的衰落。”

美国司法系统有一大弊病，那就是诉讼文化，而当今世界恰恰吸收了这一点。2014 年夏天，在对雷诺兹烟草公司（R.J. Reynolds Tobacco Company）的诉讼当中，佛罗里达的一名陪审员判定一位女士获得 230 亿美元，因为她的丈夫由于长期吸烟而死于肺癌。另一个例子是，由于责任保险费用高昂，很多刚毕业的医学院学生不愿成为外科医生。

在某种程度上，美国的政治空间被司法体系侵占了，随之而来的问题就是，一个国家在这种环境下能和谐地发展吗？除了法律体系，公民必须承担一定的责任，否则整个社会就会停滞，最终分崩离析。在财富管理界也是如此。

① 《西方的衰落》一书中文版已由中信出版社于 2013 年 1 月出版。——编者注

汇丰银行将利润下滑12%归因于“史无前例”的监管压力

汇丰银行今晨宣布，2014年上半年的税前收益同比下降12%。

上半年盈利为73.3亿英镑，而去年同期为83.7英镑。在上半年，银行还投入了1.39亿英镑用于其客户调整计划，以弥补不当销售的生产者物价指数（PPI）带来的成本。银行称，希望此举能降低“未来出现重大客户调整”带来的损失。汇丰银行称，目前银行每年在监管和合规方面的开销达7.5亿~8亿英镑，而且表示“很可能还需要增加在这方面投入的资金”。

“不幸的是，监管改革项目越来越支离破碎，这些项目往往不符合实际情况，而且不断变化，定义在不断增加，造成了极大的资源浪费，而这些资源本来可以用在客户身上。”

——汇丰银行首席执行官欧智华（Stuart Gulliver）

汇丰集团首席执行官欧智华称：

“这些结果展示了我们业务模式的恢复能力。尽管监管的不确定性始终存在，我们的资产负债情况仍然良好，并且具备持续赢利的能力，这种能力不但能够支持业务增长，还能够支持我们的累进股息政策。”

“如今，公司的人力资源、运营能力和系统能力受到了前所未有的挑战。”

“监管改革项目累积了大量的工作。这些项目往往不符合实际情况，而且不断变化，定义在不断增加，造成了极大的资源浪费，而这些资源本来可以用在客户身上。”

——《金融报道》(*Financial Reporter*)，2014年8月4日

如果我买了一杯热咖啡，喝咖啡之前我会先等一等，然后慢慢喝。我之所以小心谨慎，是因为不想被烫到。如果咖啡太烫，我也不会想到诉诸法律。从政府到公司再到个人，各个层面都需要一定程度的问责机制，否则社会就无法正常运行。

许多新出台的法律法规仍然无法杜绝洗钱和恐怖主义融资等现象。事实上，这些现象更猖獗了。大银行因为“大而不倒”，所以无法被触及。人们发现，美联储成了一些机构的同谋，而这些机构本应受到美联储的监管。有些地区依靠发展和

责任带来了促进发展的正面动力，它们的经验也可能给我们一些启示。亚洲就是一个例子。我们希望亚洲国家能找到完善体制的新方法，同时不会因为弗格森描述的那些因素而陷入停滞。

我们如何决策

我们来看丹尼尔·卡尼曼的著作《思考，快与慢》中提到的例子，这个例子和阿莱悖论（Allais Paradox）有关，并且激发了关于理性投资的讨论。莫里斯·阿莱（Maurice Allais）是一名法国数学家，他于 1988 年获得了诺贝尔经济学奖。

从下列选项中进行选择：

1A：持有 24 000 美元。

1B：有 33/34 的概率赢得 27 000 美元，1/34 的概率一无所获。

凭直觉，你认为哪个选项更有吸引力？实际生活中你会选择哪个？

下面这两个选项，你直觉认为哪个更有吸引力？实际生活中你又会如何选择呢？

2A：34%的概率赢得 24 000 美元，66%的概率一无所获；

2B：33%的概率赢得 27 000 美元，67%的概率一无所获。

阿莱悖论是决策理论和实验情景下人类理性判断之间的主要矛盾之一。阿莱在1953年的论文中称其为阿莱悖论，实际上它并不是一个真正的悖论。为了便于计算，我做了少许简化，但问题的本质并没有改变。结果也仍然一样：大多数人倾向于选择1A和2B。在组内比较中，大多数受试者会同时选择这两项。

问题来了。2A发生的概率与以34%的可能性实现1A的概率相同，而2B发生的概率与以34%的可能性实现1B的概率相同。如果选择1A是理性的，那么，就同样应该理性地选择2A。

阿莱认为，这个实验展示了传统效用理论的缺陷，而不是人类心理的缺陷。毕竟，那是在1953年，20年后，关于启发—偏差理论的探讨才真正开始。

这个难题挑战了决策理论研究者及其对人类理性的信心。绝大多数人忽略了阿莱悖论，将其简单地视为异常状况，仍然继续使用期望效用理论。许多年后，特沃斯基和卡尼曼研究出前景理论并设计出下面的模型：

	收益	损失
高可能性 确定性效应	95%的概率赢得 1 万美元 对失望的恐惧 风险厌恶 接受不利协议	95%的概率损失 1 万美元 希望规避损失 风险寻求 拒绝有利协议
低可能性 可能性效应	5%的概率赢得 1 万美元 希望获得较大收益 风险寻求 拒绝有利协议	5%的概率损失 1 万美元 对较大损失的恐惧 风险厌恶 拒绝不利协议

图 5–1　前景理论模型

如果观察左上角的象限，你会发现，当人们看到大额赢利的可能性时是厌恶风险的。

左下角的象限则说明了为什么彩票能大获成功：当潜在收益较大时，人们往往会忽略微乎其微的赢利概率。

右下角的象限则说明了人们买保险的原因：为了心安，人们愿意付出高昂的成本来规避可能并不存在的灾难。

我们从中学到了什么呢？

• 绝大多数经济模型都是基于某种形式的投资者理性。如果这个观点的根基受到了挑战，也就意味着那些金融模型存在严重漏洞。
• 心理学和社会模式会影响金融决策，让事情变得更加微妙。
• 人类并非总是理性的，投资者当然也是如此。许多投资者宁愿和大多数人一起犯错，也不愿意独自冒险，做出正确的选择。

- 投资者拒绝停损，结果造成了不必要的资产贬值，或者不愿在市场调整时买入，错过了赢利的良机。

“伟大的投资者并非没有情绪，而是情绪表现为反向的——市场上涨时他们感到担忧，而当人人都感到担忧时，他们反而很轻松。”

——比尔·米勒（Bill Miller），美盛集团基金经理（生于1950年）

建立亚洲的财富管理模型

行为经济学领域尚处于萌芽阶段，而且绝大多数研究都来自西方国家。在20年后的亚洲，我认为这些研究当中的大多数模型并不完全适用。亚洲社会的信仰，金钱和运气的关系与西方社会的认知完全不同。当然，这只是基于我的观察，还需要针对这些议题在亚洲进行实证研究。

我所说的亚洲客户主要来自受到中国文化、儒家思想、常见的佛教价值观，或者印度罗摩衍那思想熏染的各个国家。任何由人类组成的机构，其核心都是哲学信仰。

当今世界，西方媒体以及西方国家的一些信仰影响较大，比如所有国家都应该实行民主制，又如个人自由和集体自由同样重要，等等。

但是，西方国家通往民主的道路也并非一片坦途。随着欧洲社会的发展，公正和法治的呼声盖过了选举权。在很多西方国家，女性直到“一战”之后才有选举权。民主当然好过独裁或腐败政权，但它总会被既得利益者利用，而且当新势力从旧权贵手中夺权时，很容易会引发社会动荡。西方世界要明白一点，世界上符合他们标准的高效廉洁的政府不只有一种类型，何况就连他们自己也从来没达到这个标准。

避免通过从众来寻求安全感，要忠实于自己的信仰和理念。

“中国传统文化是决定中国模式的内在因素。当中国完成现代化之后，中国就会实现传统与现代的融合，新旧并存。”

——冯友兰，清华大学哲学系教授
（1895—1990）

1949年和1979年，中国经历了两次划时代的飞跃，从此掀开了人类现代化历史上的新篇章。数百万的中国人成为中产阶级，他们买房置业、供子女上学，对未来也心怀希望。现在的中国不仅在经济上向现代化迈进，在治理方式上也在努力实现现代化。

中国文化和经济将会改变世界，他们的饮食、养生方式，他们的以和为贵，他们的孝道，对家庭和教育的重视，都会对世界产生影响。随着中国现代化的深入，我们可以预见，中国文化和哲学会对世界产生影响。也就是说，我们终归需要进一步了解中国和其他亚洲客户，并设计出有针对性的模型。最终，西方高资产净值的投资者也可以借鉴这些模型，将其作为一种创新的投资方法，同时也可以作为分散风险的形式。

对亚洲客户而言，有一大重任落在第一代人肩上。由于谈论死亡是一种文化禁忌，所以要想妥善安排遗产继承着实不易。但是，很多亚洲的年青一代接受的是英国、美国等西方国家的教育，他们对这个话题往往更开放。他们知道，做好财富规划、确保财富代代相传至关重要。

绝大多数中国客户及其家庭都遵循儒家传统教化，以孝悌为先。代际间的冲突极少发生。他们认为百善孝为先，直至今天也是如此。很多问题反而是上一代人对年青一辈缺乏了解所致。

私人银行经理的职责是优化资产配置，使其不致风险过高。亚洲客户的观点有时会与之相去甚远。中国人认为，他们自己在为未来和家庭辛勤工作，所以，他们的钱也得一样，绝不能让钱睡觉，赚最少的利息。他们也不会坐守其成，安享人生，悠游四海。这些均不符合中国的文化和信仰。

私人银行业大都基于西方价值观和行为模式开展业务。在亚洲过去的20年中，我见到一些银行如何量身打造适合亚洲地区的业务。亚洲人需要这样的投资顾问：他们会和客户一道管理客户财富，每天孜孜不倦地寻找投资机会，广泛利用杠杆实现收益最大化，尽可能地利用各种投资产品。欧洲客户的资金大多集中在固定收入和存款上，他们很少利用杠杆，而且通常会授权投资组合经理来为他们投资。

不同文化下的行为模式会给投资行为带来何种影响，这个课题非常值得探讨。但不幸的是，至今鲜有任何有价值的研究。

例如，中国人通常相信命运：走运的投资者无须担心风险，自然会受到命运的眷顾。在西方人的思维中，运气则没那么重要，对财富的态度自然也就更谨慎。（我个人以为，发现真理并非易事，但是，以正确的原则行事会大有助益。中国过去一两个世纪的历史表明，即使是再幸运的投资者，也要采取一些措施来保护他们的财富，确保家业代代相传。）

亚洲人和西方人的思维方式不同。亚洲人相信轮回，而欧洲人的意识中始终存在对世界末日的恐惧。亚洲人相信转世重生，也就是人死后会以另一种形式再生。亚洲人倾向于将资产聚集在家庭，而西方家庭会渐渐将财产分给个人。也正因如此，亚洲客户更能发挥集中议价的优势，获得更好的服务，同时也有资金来支持更复杂的法律体系。

让人惊叹的是，中国人用“危机”二字来表示“crisis”，这一点就能体现中西方的差异。危机二字，其一为危险，其二为机遇。如果一切都按部就班，平平安安，那么寻找新业务并抓住机遇的空间也就少了许多。然而，在西方，“crisis”一词却只有负面含义。

Wēi　　　　Jī

除此之外，亚洲客户还不太情愿更换银行经理。他们认为对他人不义会破坏好运，万事要以和为贵。在美国则不然，因为业绩不好被淘汰，或者仅仅是出于求变的欲望而更换人选，这些都是再自然不过的事。

我们必须全盘考虑各种精神、文化、历史和社会层面的差异，才能因地制宜地为亚洲客户及其家庭提供适合的财富管理服务。中国亿万富翁的需求和美国的不同，他们对自己和家庭的期望也不同。

在不同的文化中，个人信仰和身份的差异更加悬殊。

我们有必要考虑到这些差异，更好地满足亚洲财富群体的愿望，培训理财顾问，想方设法更好地满足他们的需求。这就是精细化的最后一步。

G.R.I.D.S.

结　论

“凡事都有定期，天下万务都有定时。”

“生有时，死有时；栽种有时，拔出所栽种的，也有时。”

——英王钦定版
《圣经旧约 · 传道书》

G.R.I.D.S.框架旨在促进财富管理的平衡与和谐。

这本书并非学术著作，我也不会要求读者把我的观点奉为真理。我的目标是在回顾当今财富管理界的同时，提出自己根据多年从业经验得出的一些观点。

在这个日新月异、纷繁复杂的世界，我们似乎总是磕磕绊绊，而其原因在于我们不知道这个世界何以走到现在。历史造就了我们，而当下正是未来之路的起点。借用18世纪爱尔兰哲学家埃德蒙·伯克（Edmund Burke）的观点，我们要守护的不仅是自己的生命，还有我们的先辈与子孙。从财富管理的角度来看，我们自己和子孙后代应该鉴古明今，培养更深刻的视角。

纵观人类历史、文化和发展的恢弘画卷，视角的选择至关重要。我们是该沐浴在雅典民主文明的第一缕阳光下，还是恪守由孔子提出，并为世界上最稳定的政治体系奠定基础的“礼孝文化”？

有一件事是肯定的：历史告诉我们，进步并非绝对的。更准确地说，我们认定的进步从来就不是一定的。我们也许知道自己来自何方，但却无以知晓去向何处！物换星移，风景变幻。以今度古，眼中未来难免被扭曲。

再来看民主。我们倾向于把今天的西方民主视为古希腊文明的真传。但回望来路，今天的百家争鸣、自由民主是何等的来之不易。战争、褊狭和压迫的戏码在20世纪的舞台上屡屡上演。有人认为欧洲和北美在几十年前创建的政府形式是普世典范，那些传统和文化延续了几千年的国家也应将其奉为圭臬。这种妄自尊大的观点势必会走向穷途末路。

如今，随着全球化的影响深入经济，自由民主的核心价值观也正在经历变革，伊拉克战争以及伊斯兰圣战主义崛起之后，欧洲关于公民自由权和移民问题的争论就是很好的证明。

如果要说对未来有任何断言，那就是人类历史总是在人类思潮的变迁中前进。一旦跳出潘多拉盒子，就不可能再被关进去。世界在过去的几个世纪里发生了巨大转变，货物及服务贸易和思想交流配合着交通通信技术的进步，推进历史的车轮滚滚向前。总之，全球化已成为不可逆转的趋势。

毋庸置疑，思想的变革会推动金融领域技术和模型的发展，而且这一变革还将继续。全球交易的速度会加快。我们会看到很多中东和非洲等区域的新兴国家成为新市场的参与者。金融危机会更加频繁，影响也会更深远。但这并不意味着世界末日就要来了：每一次解决危机引发的问题，我们都能从中学到很多。

尽管如此，全球化也在不断制造新问题。许多结构、环境和金融工具将重新被定义。商品有可能变得更加稀缺。由谁来保护这些资源，又是为了什么？全球博弈的局面也在发生变化。10 年前，谁能预测到美国通过“液压破碎法”这种新型提炼技术，成为世界上最大的碳氢化合物供应国？美国对沙特阿拉伯等国家的依赖程度在降低。这也改变了金融领域的游戏规则。

对自然资源的争夺会激发不稳定，甚至改变国家疆界，导致主权更迭。例如，马尔维纳斯群岛（英称福克兰群岛）周围的海床下被认为蕴藏着大片未开发的石油资源，由此再度掀起了阿根廷和英国之间的争端。北极冰盖的融化使得对这片海床下的资源探索成为可能，俄罗斯甚至开明国家丹麦都纷纷卷入了对极地领土的争夺。这些紧张局势会造成未来的冲突加剧，虽然不一定是军事对抗，但也会给政府、国民和市场带来许多未知的风险。

由此可见，全球化也带来了新的风险。但是，这无关是非对错，它从一开始就是促进人类发展的因素之一。成功的开创者和投资者都明白，倘若无所作为、置身事外，人生就无法发挥它的潜能。成功需要冒险，需要跌倒再站起。这个变化的世界同时为几亿人提供了大把的机遇，让他们能够脱贫致富，重见光明。

西方政府只以自己的利益为中心。他们大多数都债务缠身，为了缓解负担，只能插手干预市场。他们描述事情时只考虑是否适合自己，不能太悲观，同时还要保留一线希望。事实上，只要能让民众感觉好，他们可以信口开河！

过去，人们生活在一个由凯恩斯理论统治的世界，政府为振兴经济，将资源投给一些大型项目，修建桥梁公路、铁路大坝。这些举措创造了就业，促进经济周期不断循环，人们获得工资、上交税款、买房置业并购买日常所需。这就是20世纪四五十年代的生活。在很长一段时间内，凯恩斯经济理论一直主导着政策制定。

现在，我们的世界则由消费驱动。改变世界的不是政府出资修建的大桥，而是公众购买重要商品的能力。这也就是为什么2015财年的第一个季度，苹果公司的利润达到了180亿美元，比冰岛、莫桑比克和其他74个国家的全年经济产量都多。如今，消费者还驱动了对工厂和就业的投资。为了让消费者消费，要让他们保持乐观，期待未来会更好。

西方国家的问题在于，缺乏有意志或权力的人来解决目前真正的问题。他们擅长通过缓兵之计达成妥协。在理想世界里，政治讲究的是有所作为，突破障碍，给未来的几十年制订妥善的计划。然而，过去30年里，西方民主国家中极少有从政者能完成这项使命。

结果就是，在这个越来越动荡的世界，客户需要严阵以待。太多理财顾问仍然在兜售所谓的新“常态”。那么，面对未来的非正常事件和无止尽的压力，客户该怎么办？当客户看到“拦路虎”时，他们的理财顾问又会怎么说？如何从媒体渲染的忧虑中觉察到真正的风险？

天地之间，自有和谐。一旦自然和谐被打破，衰之将至。G.R.I.D.S.框架也是如此。在执行这一体系或对其进行日常管理时，我们必须遵循自然规律。

第一步是选择保管人：将资产存在何处？由谁来担任托管人和财富管理顾问？

第二项则是风险管理。风险永远是理财顾问和客户探讨的第一话题。切勿先谈投资，再考虑风险。

只有在全盘分析风险因素、客户也了解情况后，才能进行投资决策，而且一定要在分散和对冲风险的框架下进行。随着持仓的增加，保持资产类型、投资时间和经济周期的分散至关重要。很多投资组合长期业绩不佳就是因为没有做到这一点。

要适当分散风险，客户投资需要精细化，配置不相关资产、衍生品和其他工具来避免市场动荡期蒙受巨额损失，并最终实现收益。精细化还适用于财富管理中的遗产继承、海外投资以及信息流分析等让决策更加复杂的问题。

五行学说认为自然由五种要素构成，彼此之间和谐共存。受其启发，G.R.I.D.S.模型中的各个要素也彼此牵连，共同构成了该模型的自然运行规律，使其运转不穷。保管人会提出投资建议，这就要求在使用所有投资工具时要精细化；风险管理又要求保管人能够分散风险。

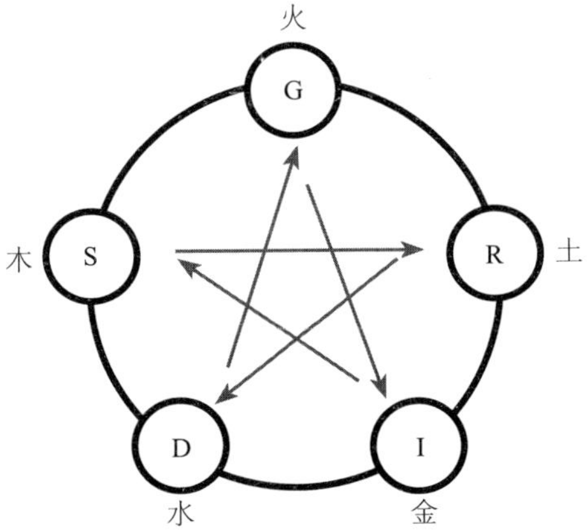

G.R.I.D.S.框架效法五行学说，它的五个核心要素相克相生，促进整个体系的发展运行。

“我们不需要比其他人更聪明，只要比其他人更自律。”

——沃伦·巴菲特，传奇投资人

（生于 1930 年）

G.R.I.D.S.模型中没有傲慢自大，没有自我中心，也没有虚张声势。这个系统的根基是节制、勤劳和专注。相信这一模型的人必须心怀广阔，遵循自然规律。G.R.I.D.S.模型是应对金融市场中随机、非正常事件的简单而又理性的工具，如妥善加以利用，则能帮助缓解黑天鹅事件，而这些事件正是财富客户资金缩水的主要原因。

还记得我那位在 2007 年经济危机之前将投资变现的大客户吗？此情此景和第 22 条军规①何其相似。客户感到庆幸，虽然我暂时失去了一个能带来丰厚利润的账户。最终，大家对于何为正确之事达成共识：在这个行业，如果不为客户的利益而工作，事业就无法长久。客户可以很快更换经理。如果让人无法信任，很快他就会声名狼藉。

---

① 第 22 条军规：疯子可以获准免于飞行，但必须由本人提出申请；但是凡能意识到飞行有风险而提出免飞申请的，属头脑清醒者，应继续执行飞行任务。——编者注

另一方面，就算为客户尽心尽力，最终你也不可能只赚不赔。没人能保证所有交易能赚钱。理财经理和投资者必须齐心协力，像合作伙伴那样，努力做出正确决策。

G.R.I.D.S.模型为实现这种合作关系指出了一条明晰、理性之路：

- 找到能够长期合作的独立、负责的理财顾问。
- 将资产保管在安全之处，委托不同地域的托管人进行管理，降低系统性风险。
- 对流动资产进行充分评估，从而避免过于集中的风险，实现真正的分散化。
- 使用所有可获得的金融工具，用精细化的方式实现高额收益，同时对冲投资组合的风险。
- 制订长期财富规划，保证财富在整个家族中世代相传。

财富管理没有什么独门妙法，唯有好奇心能促其成功。

G.R.I.D.S.模型蕴含着对知识、对思想开放的渴求，它要求我们对待新闻及媒体要持怀疑态度，又要能从中获取有用的信息。除非真正评估过市场的常态和非常态，否则不要做出任何投资决策。

弗朗西斯·福山（Francis Fukuyama）在其1995年出版的著作《信任：社会美德与创造经济繁荣》（*Trust: the Social Virtues and the Creation of Prosperity*）中分析了不同国家和文

化，总结出了支撑经济繁荣的原则。他写道：没有信任，何来繁荣。同样，信任也是私人银行业的基石。要建立真正的信任，就要有专业素养，要有合理的引导和分享机制，而且双方都要具备责任心。

在我看来，2008年经济危机最让人感到悲哀的一种结果是：客户和私人银行间的信任坍塌。希望本书能对修补信任关系有所帮助。

以上就是G.R.I.D.S.模型的由来。